Irmgard Grunwald

Gott schenkt mir eine Rose

Wie man trotz Krankheit
dankbar sein kann

Irmgard Grunwald

Gott schenkt mir eine Rose

Wie man trotz Krankheit dankbar sein kann

Die Bibelverse sind, wenn nicht anders vermerkt, folgenden Übersetzung entnommen:
Elberfelder Bibel 2006 © 2011 SCM R.Brockhaus
im SCM-Verlag GmbH & Co.KG.
NeÜ bibel.heute © Christliche Verlagsgesellschaft mbH
Dillenburg.

Die Texte dieses Buches sind als Kolumne im christlichen Magazin *Ethos* erschienen. Dieses Magazin erscheint monatlich mit vielen illustrierten Berichten und Reportagen. Im Mittelpunkt steht immer die Gute Nachricht von Jesus Christus (www.ethos.ch).

Grunwald, Irmgard
Gott schenkt mir eine Rose
Wie man trotz Krankheit dankbar sein kann

ISBN 978-3-89436-885-2

2. Auflage 2013

www.cv-dillenburg.de
Umschlaggestaltung: Sven Gerhard,
Provinzglück, Gladenbach
www.provinzglueck.com
Satz: CV Dillenburg
Druck: CPI Moravia Books, Pohorelice

Printed in Czech Republic

Inhalt

Gott schenkt mir eine Rose

Statt eines Vorworts

Mögen Sie auch so gerne Blumen wie ich? Ich habe fast immer einen frischen Strauß, und Rosen sind dabei meine Favoriten.

Aber haben Sie schon einmal eine Rose von Gott geschenkt bekommen?

Eine ganz besondere Rose!

Im Frühjahr 2001 hat Gott mir ein schwieriges Geschenk anvertraut: die Krankheit *Amyotrophe Lateralsklerose* (ALS). Gott schenkte mir eine »Rose«, eine ganz besondere:

ROSE
Das Schönste an der Diagnose
Amyotrophe Lateralskler*ose*
kommt zum Schluss:
die *Rose*

Christian Sighisorean, aus: »Rose und Gebrochen Deutsch«, Mauer Verlag 2009.

Dieses Gedicht eines anderen ALS-Betroffenen hat mich sofort begeistert. Vielleicht fragen Sie sich jetzt: Wie kann man sich für etwas so Schreckliches wie diese Krankheit begeistern? Natürlich gilt meine Begeisterung nicht der Krankheit als solcher – meine Begeisterung gilt vielmehr dem Handeln Gottes in meiner Krankheit und durch meine Krankheit. Ich möchte versuchen, für Sie den Weg nachzuzeichnen, den Gott mit mir gegangen ist.

Gott hat mir diese »Rose« geschenkt. Drei Bestandteile der Rose sind mir mittlerweile besonders wichtig geworden: die Stacheln, die Blüten und die grünen Blätter.

Die Rose hat Stacheln!

Heutzutage haben die meisten Rosen, die man kaufen kann, gar kein Stacheln mehr; man hat sie weggezüchtet. Dadurch ist der Umgang mit den Blumen natürlich vordergründig viel angenehmer geworden, denn man kann sich nicht mehr daran verletzen. Aber eigentlich gehören sie einfach dazu, die Stacheln. Und meine »Rose« hat eine ganze Menge Stacheln!

Bei den ersten Krankheitsanzeichen war ich ungefähr 39 Jahre alt. Und es fing alles ganz harmlos an. Bis dahin hatte ich ein perfektes Leben geführt, ein Leben wie aus dem Bilderbuch – so kam es mir jedenfalls immer vor.

Aber vor einigen Jahren ging es dann los. Anfangs stellte ich eine merkwürdige Kraftlosigkeit der rechten Hand fest. Dann bemerkte ich, dass ich immer häufiger stolperte oder sogar stürzte, ohne mich abstützen zu können. Dabei konnte ich immer mal wieder ein sehr eigenartiges Muskelzittern und Zuckungen feststellen, sogenannte *Faszikulationen*. Arztbesuche ergaben zunächst nichts, doch im April 2001 kam dann die erste zögernde Diagnose in der Uniklinik: ALS.

Die Krankheit verschlimmerte sich, bald konnte ich nicht mehr laufen, nicht mehr stehen, meine Hände nicht mehr gebrauchen und, was am schlimmsten war: Die Atemmuskulatur ging zurück. Immer wieder wachte ich nachts durch akuten Sauerstoffmangel auf, und auch tagsüber wurde das Atmen immer schwerer ... Ein schwieriges Geschenk, das Gott mir da gegeben hat. Diese »Rose« hat so viele Stacheln!

Zuerst konnte ich nur alle diese Stacheln sehen. Mein Leben und das meiner ganzen Familie wurde völlig umgekrempelt. Von einer aktiven Familienfrau wurde ich innerhalb kurzer Zeit zu einer hilflosen Behinderten, einem Pflegefall. Täglich fühlte ich die Stacheln der Rose, die Gott mir anvertraut hatte.

Soll das wirklich ein Geschenk sein? Diese Rose als Symbol der Liebe von einem Gott der Liebe? Ich gebe zu, an dieser Vorstellung hat man zu knabbern.

Ich bin nicht besonders emotional veranlagt, sehe die Dinge normalerweise eher nüchtern. Doch in der ersten Zeit nach Beginn meiner Krankheit war das plötzlich anders. Es gab sogar bei mir Tränen, immer wieder Tränen.

Irgendwann konnte ich nicht mehr allein duschen. Mein Mann half mir immer ganz selbstverständlich und tat alles, was ich nicht mehr konnte. In meine Dankbarkeit mischte sich immer häufiger tiefe Trauer. Ich weinte unter der Dusche. Ich weinte auf der Toilette, als ich auch hier Hilfe brauchte. Und wenn mein Mann nicht da war, wenn er zur Arbeit musste, dann musste ich meine Kinder um Hilfe bitten. Können Sie sich vorstellen, Ihren 14-jährigen Sohn um Hilfe bei einer akuten Durchfallattacke zu bitten? Doch was blieb mir anderes übrig, wenn sonst keiner zu Hause war.

Oh ja, meine Rose hat viele Stacheln, und oft habe ich mich daran blutig gekratzt.

In einer solchen Lebenssituation ist es schwer, eine dankbare Grundeinstellung zu behalten. Viel leichter ist dann ein ausgiebiges Bad im schlammigen Tümpel des Selbstmitleids. In diesem Tümpel schwimmt zum Beispiel die Sehnsucht, die Situation zu verändern – ich möchte keine Krankheit und keine Hilflosigkeit mehr ertragen. Ich habe Träume: einmal wieder allein zur Toilette gehen, sich im Bett umdrehen können ... das sind doch keine unbescheidenen Wünsche, oder?

Nein, ich finde diese Wünsche auch immer noch höchst normal. Der Haken daran ist das Selbstmitleid. Satan möchte mich zu gern weg vom Gottvertrauen hin zum Selbstmitleid verführen. Satan, der laut Petrus *»umhergeht wie ein brüllender Löwe«* (1. Petrus 5,8), schnurrt dann auf einmal wie ein Kätzchen: »Du hast doch wohl jedes Recht darauf, ein einigermaßen normales Leben zu führen. Du hast doch Gott immer gedient, warum schickt er dir dann eine so schreckliche Krankheit? Du darfst dich selbst bedauern, du musst es sogar. Warum tut Gott dir das an?«

Die Versuchung, Gott nicht mehr zu vertrauen und in Selbstmitleid zu versinken, ist groß. So ging es auch Hiob mit seiner Frau. Hiob hatte nicht nur seinen gesamten

Besitz verloren, sondern auch noch eine quälende Krankheit bekommen. Und doch hatte er die innere Stärke, zu seiner Frau zu sagen: *»Das Gute nehmen wir von Gott an, da sollten wir das Böse nicht auch annehmen?«* (Hiob 2,10).

Ich finde eine solche Einstellung einfach bewundernswert. Für Hiob war das unendlich schwer, und seine weitere Geschichte zeigt, dass er seine Probleme auch nicht im Vorbeigehen gelöst hat. Noch nicht einmal seine Freunde konnten ihm helfen – das konnte nur Gott.

Bei mir war es ganz ähnlich. Wie gut, dass Jesus Christus mich immer wieder aus diesem Tümpel des Selbstmitleids herausgezogen hat! Allein durch eigene Kraft hätte ich den zähen Schlamm nie verlassen können!

Selbstmitleid ist wohl der größte Feind der Dankbarkeit. Aber mit Jesu Hilfe habe ich im Lauf der Zeit und mit vielen Rückschlägen gelernt, meinem Herrn und Gott für sein Geschenk, die Rose, zu danken – trotz aller Stacheln. Ich danke ihm vor allem, dass er mir jeden einzelnen Stachel behutsam aus der Haut gezogen und die Wunde versorgt hat.

Und jetzt, nach ein paar Jahren mit meiner »Rose«, habe ich noch mehr Gründe, Gott dankbar zu sein. Durch diese besondere Situation hat mich Jesus immer wieder wie ein Lamm in seinen Armen getragen, auch wenn ich manchmal ganz schön gestrampelt habe und lieber selbst laufen wollte. Ich habe die Gegenwart meines Herrn noch nie so intensiv empfunden wie in den letzten Jahren.

Die Rose blüht auf: einige »Blüten«

Gott hat einen Plan mit mir! Die Krankheit muss einen Sinn haben. Diese Gedanken gingen mir von Anfang an durch den Kopf. Ich konnte mir einfach nicht vorstellen, dass Gott meinem Leben eine ganz neue Richtung geben würde, ohne etwas damit zu bezwecken. Und tatsächlich, nach und nach zeigte Gott selbst mir einige Blüten an meiner Rose, wunderschöne, duftende Blüten. Zuerst waren es nur Knospen.

Eine dieser »Blüten« heißt Dagmar. Sie ist eine der Pflegekräfte, die mich abwechselnd jeden Tag zwölf Stunden betreuen. Als wir uns endlich dazu durchgerungen hatten, diese Art der Pflege innerlich zu akzeptieren, war Dagmar die Erste, die zu mir kam. Gott hatte sie offenbar von langer Hand auf eine Begegnung mit ihm vorbereitet, und schon bald brachen bei ihr Fragen über Fragen auf. Nach fast einem Jahr voller intensiver Gespräche hat Dagmar sich zu Jesus Christus bekehrt.

Wenn Dagmar der einzige Sinn meiner Krankheit wäre, hätte sich das doch schon gelohnt, oder?

Viele kennen den wunderbaren Bibelvers Johannes 3,16 auswendig. Manchmal lese ich ihn jetzt ein wenig anders, zum Beispiel so:

»Denn so sehr hat Gott Dagmar geliebt, dass er seinen einzigen Sohn gab, damit Dagmar, die an ihn glaubt, nicht verloren geht, sondern ewiges Leben hat.«

Aber es gibt auch zahlreiche »Knospen«, manche kenne ich nicht einmal mit Namen, oft erfahre ich nur durch »Zufall« von ihnen.

Bei einer Großveranstaltung sitze ich mitten im Getümmel. Eine Frau kämpft sich zu mir durch, begrüßt mich freundlich. Ich kenne sie nicht, doch sie erzählt mir sofort, sie habe von mir gelesen, und sie müsse mir unbedingt etwas erzählen: »Ich bin gerade vorgestern erst aus dem Krankenhaus entlassen worden. Ich hatte letzten Sonntag so außergewöhnliche Schmerzen bekommen, und der Notarzt hat mich sofort ins Krankenhaus eingewiesen. Da lag ich dann ein paar Tage auf einem Zimmer mit einer jungen Frau zusammen. Sie war sehr unglücklich, sie hat Krebs, und dabei ist sie noch so jung und hat drei kleine Kinder zu versorgen. Ich wollte ihr von Jesus Christus erzählen, aber sie wollte nichts hören. Sie hat immer nur gesagt: ›Das versteht sowieso keiner, was ich durchmache.‹ Da bin ich auf die Idee gekommen, der jungen Frau von Ihnen zu erzählen und Ihr Buch weiterzugeben. Sie hat es gelesen, und als ich dann entlassen wurde, fragte sie mich nach einer Bibel. Ich glaube, sie hat verstanden, dass Jesus sich auch für sie persönlich interessiert!«

Ich war sehr verblüfft, auf welchen verschlungenen Wegen Gott zu einem Menschen sprechen kann. Aber wenn Gottes Geschichte mit mir in meiner Krankheit anderen Mut machen kann, sich ihm zu öffnen, so ist auch das ein wunderbarer Lohn für mich!

Ich weiß nicht, wie viele Blüten es noch gibt, Gott allein kennt alle Knospen. Aber ich weiß ganz genau, sein Handeln ist nicht sinnlos, in seiner Gnade zeigt er mir sogar ein paar Blüten meiner stacheligen Rose schon hier!

Sie sehen also, auch meine Rose hat nicht nur Stacheln, sondern sie hat auch wunderbare Knospen und Blüten. Angesichts dieser Blüten fällt es mir nicht mehr so schwer, Gott dankbar zu sein für sein ungewöhnliches Geschenk! Ich finde, Dankbarkeit fällt immer leichter, wenn Gott uns einen kleinen Blick in seine Pläne werfen lässt.

Und wer weiß, vielleicht bin ich ja nur mit dieser »Rose« ein geeignetes Werkzeug für Jesus Christus, um Mut zu einem Leben mit Gott zu machen!

Jedenfalls danke ich Gott von ganzem Herzen für die Blüten an meiner Rose, für den Segen, den auch andere durch meine Krankheit erfahren konnten!

Die Kraft kommt aus den grünen Blättern

Von den Stacheln meiner Rose habe ich nun berichtet, und auch zwei Blüten habe ich Ihnen vorgestellt.

Aber eine Rose besteht ja nicht nur aus Blüten und Stacheln, sie hat auch ganz normale grüne Blätter. Und die Kraft der Rose kommt aus den alltäglichen grünen Blättern.

An dieser Stelle lohnt sich ein kleiner Ausflug in die Biologie: Es geht um Fotosynthese. Wie war das noch gleich?

- In den grünen Blättern einer Pflanze wird das Sonnenlicht aufgenommen.
- Dann wird diese Licht-Energie in den Blättern in Nährstoffe umgewandelt.
- Diese Nährstoffe ermöglichen die Ernährung und das Wachstum der Pflanze.

Gott hat mir eine Rose geschenkt, deren Stacheln mir große Mühe machen.

Gott hat mir eine Rose geschenkt, deren Blüten mir große Freude machen.

Und Gott hat mir eine Rose geschenkt, deren grüne Blätter zu meiner Kraftquelle geworden sind!

So wie in den grünen Blättern einer Rose das Sonnenlicht aufgenommen wird, so kann ich immer wieder im Alltag mit meiner »Rose« – meiner Krankheit – meinen Herrn Jesus – das Licht der Welt – entdecken und aufnehmen. Das ist sozusagen meine geistliche Fotosynthese.

Ein kleines Beispiel: Donnerstagabend, wir fahren zur Bibelstunde. Auf dem Rückweg auf der Autobahn (wir haben eine halbe Stunde Fahrt bis zu unserer Gemeinde!) knallte es plötzlich, als ob ein Luftballon zerplatzt: einmal, und gleich noch einmal. Ich hatte schon ein mulmiges Gefühl, denn wenn irgendetwas mit der Technik nicht funktioniert, sei es der Rollstuhl, das Atemgerät oder auch die Hebebühne meines Autos, dann bin ich völlig hilflos. Und die Hebebühne hatte schon zuvor einige Probleme gemacht. Als wir zu Hause ankamen, war ich sehr erleichtert, dass sie funktionierte und ich ohne Probleme aus dem Auto heraus kam. Mein Mann fand das Knallen auch besorgniserregend, und er wollte kurz noch einmal ausprobieren, ob mit der Hebebühne tatsächlich alles in Ordnung war. Und diesmal knallte sie, ohne dass ich darauf stand, unter Getöse ungebremst auf die Erde. Fassungslos dachte ich spontan: Da hat Gott mir aber eine ganze Legion Engel geschickt, die mich samt meinem Rollstuhl sanft aus dem Auto gehoben haben!

Solche Bewahrung in speziellen Gefahrensituationen habe ich in den Jahren mit meiner »Rose« immer wieder erlebt, ich könnte noch viele Beispiele dazu erzählen.

Aber abgesehen von dem großen und sichtbaren Eingreifen Jesu in mein Leben staune ich auch in meinem Alltag immer wieder über scheinbare »Kleinigkeiten«, zum Beispiel darüber, was ich noch alles kann. Meine Krankheit hat mir viel genommen, zweifellos. Aber für viele alltägliche Kleinigkeiten bin ich ganz neu dankbar geworden. Ich kann noch sehen und hören, fühlen, riechen und schmecken. Ein ganz großes Wunder ist, dass ich noch sprechen, sogar singen kann! Gott legt mir trotz oder gerade wegen meiner Krankheit so viele Möglichkeiten vor die Füße, für ihn zu leben und ihn zu bezeugen.

Das also sind die grünen Blätter meiner Rose. Ich kann die Kraft Jesu Christi aufnehmen, wie eine Pflanze das Licht aufnimmt. In meinem Leben verwandelt Gott selbst diese Erfahrungen sozusagen in geistliche Nährstoffe. Ich kann mich davon geistlich ernähren und daran wachsen, geistlich wachsen.

Ich bin Gott so dankbar für die alltäglichen grünen Blätter meiner Rose. Nie zuvor habe ich so intensiv mit ihm gelebt wie den letzten Jahren, seit er mir meine Rose geschenkt hat. Diese innere Nähe zu Jesus erfüllt mich jeden Tag aufs Neue mich tiefer Dankbarkeit.

Ich bin eine Prinzessin

Eigentlich habe ich mir eine Prinzessin ja immer ganz anders vorgestellt: jung und gertenschlank, mit blonden Locken und wunderschön – ungefähr so wie die zarte Porzellanfigur, die ich neulich geschenkt bekommen habe. Sie trägt eine kleine Krone auf dem Kopf und funkelt mich aus ihren Porzellanaugen herausfordernd an.

Nun ja, die Äußerlichkeiten stimmen bei mir eindeutig nicht. Dafür aber ist ein Teil meines Lebenswandels seit einigen Jahren außerordentlich königlich.

Stellen Sie sich vor, ich lasse mich den ganzen Tag über von allen Seiten bedienen! Mein Essen wird nach meinen Wünschen stets frisch zubereitet und serviert, meine Wäsche wird tadellos gewaschen und gebügelt, die Wohnung wird immer sauber gehalten und aufgeräumt, nach meinen Vorgaben werden alle Einkäufe und Besorgungen erledigt, und ständig ist jemand in Reichweite, um auch meine kleinsten Wünsche sofort zu erfüllen.

Manchmal komme ich mir wirklich vor wie eine ganz feine Dame, die für alles ihre Dienerschaft hat.

Aber ich muss gestehen: Spaß macht mir das nicht. Denn ich *muss* mich bedienen lassen, ich bin zur Passivität verurteilt.

Mein Essen wird nicht nur serviert, ich muss auch gefüttert werden, denn meine Arme und Hände sind gelähmt. Alle Wäschestücke von mir und meiner Familie gehen durch fremde Hände, ich kann sie nicht mehr nach meinem eigenen System sortieren und zusammenlegen. Auch meine Beine und Füße sind völlig kraftlos geworden. Sauberkeit und Ordnung in meiner eigenen Wohnung ist nun nicht mehr mein Zuständigkeitsbereich. Keller und Dachgeschoss könnten nach meinem Empfinden auch auf dem Mond liegen, für mich sind sie genauso unerreichbar. Und ich kann zwar Einkaufslisten schreiben, doch mir fehlt die Inspiration beim Einkaufen: Welches frische Obst und Gemüse ist gerade im Angebot? Auf welchen Käse hätten wir mal wieder Appetit? Gibt es vielleicht eine neue Joghurtsorte? Und selbst wenn ich in meinem eigenen Wohnzimmer sitze, bin ich nie allein; als Familie fehlt uns manchmal die Privatsphäre. Doch es geht nicht anders, mein Leben wird von den Folgen meiner Krankheit diktiert. Ich kann mir nicht einmal die Nase putzen, ein Haar aus der Stirn streichen oder einen Schluck Wasser trinken – das ist die Kehrseite meines »bequemen« Lebens!

In meiner Bibel lese ich, dass auch die Jünger Jesu ihre Not damit hatten, bedient zu werden, und dann auch noch von ihrem geliebten Meister! *»Nie und nimmer wäschst du mir die Füße!«*, wehrt Petrus zunächst entsetzt ab, als Jesus, sein Herr und Heiland, ihm die Füße waschen will (Johannes 13,8).

Nach meiner Beobachtung fällt es vielen Leuten schwer, sich bedienen zu lassen; nur wenige würden es genießen, ständig eine Schar Bedienstete um sich zu haben. Wie kommt das nur?

Von Anfang an strebt der Mensch nach Selbstständigkeit und Unabhängigkeit. »Ich kann das allein!«, sagen schon kleine Kinder, denen man bei schwierigen Dingen, wie dem Zuknöpfen einer Jacke, helfen will. Eifrig bemühen sich die kleinen Fingerchen, probieren, resignieren, probieren es wieder und haben es schließlich geschafft. »Ganz allein!«, tönt der jubelnde Triumph.

Genau das ist wohl unser Problem. Wie gerne möchten

wir alle selbstständig und unabhängig sein, aber wir schaffen so manches einfach nicht ganz allein. Bei den meisten Menschen sind es nicht die banalen Kleinigkeiten des Alltags wie bei mir, aber worum es sich auch handelt, das Gefühl, Hilfe zu brauchen, geht mir manchmal ganz schön gegen den Strich. Mein Stolz sagt oft wie ein trotziges Kind: Lass mich, ich kann das allein! Wie gut, dass unser Gott das besser weiß und mich nie im Stich lässt.

Wenn ich also in ein paar Minuten wieder rufen muss, damit mir jemand die Nase putzt, dann will ich das als Gleichnis für mein Leben nehmen: Ich darf jederzeit um Hilfe bitten für das, was ich nicht allein tun kann, und Gott selbst hat mir seine Hilfe zugesagt!

Er hat seinen Sohn auf die Erde geschickt, um eine hilflose, verlorene Menschheit zu erretten. Er beauftragt seine Engel, auf seine geliebten Kinder zu achten. Er hilft mir immer wieder in meinem Alltag.

Hier ist der Schlüssel für Gottes Hilfe: Wir sind seine geliebten Kinder, Königskinder, Prinzen und Prinzessinnen!

Und selbst wenn es mir nach wie vor schwerfällt, mich von Menschen bedienen zu lassen, so ist es doch auch ohne Krone und blonde Locken wunderbar, eine Prinzessin, das Kind des höchsten aller Könige, des Herren aller Herren, zu sein!

Sind Sie auch ein Prinz, eine Prinzessin?

Das Gießkannenprinzip Gottes

Dorisso lebt in einem kleinen Dorf im unzugänglichen Dschungel im Hochland von Papua-Neuguinea. Sie ist ungefähr so alt wie ich – genau weiß das natürlich niemand dort –, und sie hat einige Kinder und auch schon Enkelkinder. Ihr wertvollster Besitz ist ein kleines Schweinchen, das als Festbraten für einen besonderen Tag aufgezogen wird. Neben ihrer Hütte pflanzt Dorisso Obst und Gemüse an. Das Land ist so fruchtbar, dass das ganze Jahr über geerntet werden kann. Drei- oder viermal in der Woche macht sie sich früh morgens auf den Weg durch den Urwald, um nach zwei Stunden Fußmarsch das Dorf Ukarumpa zu erreichen. Dort beginnt täglich bei Sonnenaufgang der Markt, auf dem Dorisso ihre Erzeugnisse verkauft oder gegen Dinge eintauscht, die sie dringend benötigt. Gelegentlich kann sie in Ukarumpa auch ein wenig Geld verdienen, indem sie ausländischen Missionaren Unterricht in der offiziellen Landessprache *Tok Pisin* gibt.

Eine ihrer Schülerinnen, meine Tochter Caroline, hatte ihr von mir erzählt und ihr Fotos von mir gezeigt. Dorisso war entsetzt, als sie hörte, dass ich nicht gehen und mich nicht bewegen könne und sogar zum Atmen eine Maschine brauche. Fassungslos schüttelte sie immer wieder den Kopf. Das Mitleid trieb ihr Tränen in die Augen. Doch dann leuchtete ihr Gesicht plötzlich auf: »Ich gehe gleich in mein Dorf zurück. In unserem Dorf gibt es schon einige Christen. Wir werden jetzt immer zusammen für deine Mama beten und manchmal auch noch fasten. Papa Gott kann unsere Schwester weit weg in Deutschland in seinen Armen tragen.«

Als besonderes Geschenk knüpfte Dorisso speziell für mich ein Rollstuhl-*Bilum*. Jede Frau und jedes Mädchen im Hochland von Papua-Neuguinea braucht ein *Bilum*. Das ist ein geknüpfter Beutel mit einem langen Henkel, den man um die Stirn legt, um beim Tragen beide Hände frei zu haben. Alles, was in Papua-Neuguinea transportiert werden muss, wird in einem *Bilum* transportiert: Obst und Gemüse, Holz und Saatgut, und sogar Babys.

Jetzt hängt Dorissos *Bilum* an meinem Rollstuhl und begleitet mich. Schwarz, weiß, grau, blau und violett leuchtet jedem das Zacken- und Streifenmuster entgegen. An einigen Stellen hat Dorisso den Beutel noch mit Fransen verziert. Dieses Geschenk vom anderen Ende der Welt zähle ich zu meinen wertvollsten Besitztümern. Es erinnert mich immer wieder an das »Gießkannenprinzip« Gottes.

Ich stelle mir das so vor: Der allmächtige Gott gießt seine unendliche Liebe in die Herzen seiner Kinder aus und füllt sie wie unter einer mächtig sprudelnden Quelle. Und wir, seine Kinder, dürfen und sollen seine Liebe weitergeben und unsere Umgebung mit Gottes Liebe wässern und tränken. Wie schwierig ist es für mich manchmal, auch nur meine nächste Umgebung zu erreichen. Bin ich vielleicht oft einfach zu faul zum Gießen? Ich möchte von Dorisso lernen, nach meinen Möglichkeiten Gottes Liebe weiterzugeben.

Können Sie ermessen, was für ein tröstlicher Gedanke das für mich ist? So weit weg von mir, wie es auf dieser Erde nur möglich ist, lebt eine Frau, die ich niemals gesehen habe. Sie spricht eine Sprache, die ich nicht verstehe, und ist in einer mir völlig fremden Kultur aufgewachsen. Sie ahnt nichts von der Existenz der meisten Dinge, die für mein Leben selbstverständlich sind. Wir müssten einander völlig fremd sein, und dennoch freuen wir uns beide, über diese riesige Distanz hinweg, auf unser erstes Treffen – im Himmel! Denn ihr »Papa Gott« ist auch mein Vater! Ich bin sicher, wir werden uns einiges zu erzählen haben!

Jesus Christus sagt: *»Daran wird jedermann erkennen, dass ihr meine Jünger seid, wenn ihr Liebe untereinander habt«* (Johannes 13,35). Dorisso hat mir ihre Liebe auf eindrucksvolle Weise durch ihr beständiges Gebet und durch ihr liebevoll geknüpftes *Bilum* gezeigt. Ich habe mir fest vorgenommen, mich selbst auch wie eine Gießkanne mit Gottes Liebe immer wieder neu füllen zu lassen und reichlich auszuteilen. Viele praktische Möglichkeiten bleiben mir nicht, aber ich bitte Gott um kreative Ideen. So kann ich zum Beispiel trotz meiner körperlichen Einschränkungen regelmäßig Briefe an Menschen schreiben, die sich nach Trost und Zuspruch sehnen, ihnen die Liebe Gottes weitergeben und für sie beten.

Vor einer Weile habe ich übrigens auch einen Brief an Dorisso geschrieben. Und ich bete für meine geliebte Schwester im Dschungel von Papua-Neuguinea.

Spaß in Tüten

Sabines Mutter war sichtlich betroffen: »Wie hältst du das nur jeden Tag mit dieser schwerkranken Frau aus? Das muss doch schrecklich traurig sein.« Sabine lachte nur. »Traurig? Nein, wir haben viel Spaß miteinander!«

Sabine erledigt den Haushalt für mich, seitdem ich im Rollstuhl sitze. Wir kennen uns seit 20 Jahren. Unsere Töchter sind damals zusammen zur Schule gegangen. Als mein Gesundheitszustand immer schlechter wurde, war Sabine zur Stelle. Oft beginnen wir den Tag mit einem gemeinsamen Frühstück, zusammen mit der Krankenschwester, die für meine Pflege zuständig ist. Und dann gibt es nicht nur Kaffee und Brötchen, sondern meist jede Menge Gespräche, Geschichten und Gelächter. Natürlich bin ich objektiv unheilbar krank, gelähmt und beatmet, doch ich bin immer noch ich, und meine Lust am Lachen ist nach wie vor ungebrochen – so gibt es auch weiterhin bei mir »Spaß in Tüten«!

Es gibt so viele Dinge, die mich erfreuen und erheitern, sogar im Zusammenhang mit meiner Krankheit ... ganz abgesehen von den vielen netten Begegnungen.

Auf meinem Weg zum Bäcker begegnet mir ein junges Paar mit einem kernigen Schäferhund. Der Hund kommt forsch auf mich zu, und ich halte meinen Rollstuhl an. Früher habe ich selbst einen großen Hund gehabt, den ich immer noch vermisse. Deshalb lasse ich gern meine Hand herunter hängen, um das warme Fell des Tieres zu spüren. Doch unvermittelt bleibt der Schäferhund stehen und beäugt misstrauisch mein seltsames Gefährt, dessen Geräusche in seinen Ohren offenbar verdächtig klingen. Er ist hin- und hergerissen. Die Neugier treibt ihn auf mich zu, doch die Vorsicht hält ihn zurück – den meisten Menschen, denen ich unterwegs begegne, geht es übrigens ganz ähnlich. Doch ob Mensch oder Tier, wenn ich mein Gegenüber fröhlich anspreche, verschwindet die Furcht vor dem Fremdartigen meist sehr rasch. Dieser »starke Wachhund« jedoch ist plötzlich so ängstlich, dass er sich hinter seinen verblüfften Besitzern versteckt! »Sonst ist Rambo immer solch ein Draufgänger ...!«, rufen sie mir zu und eilen hinter ihrem »Raubtier« her.

Bei einem Spaziergang war ich mit einem aufgeweckten kleinen Mädchen ins Gespräch gekommen. »Darf ich mal da drauf drücken?« – »Ja, auf den roten und auf den blauen Knopf darfst du drücken.« Jessica ist begeistert. Sie bedient mit Hingabe und Ausdauer die Hupe und die Warnblinkanlage meines Rollstuhls. »Warum hast du dieses komische Ding im Gesicht?« – »Das ist eine Atemmaske, damit ich besser Luft holen kann.« – »Und was ist das da für ein Schlauch?« – »Das ist ein Blasenkatheter, da hindurch kommt mein Pipi in die Tüte, die da hängt.« Die Fünfjährige sieht mich staunend an: »Da kannst du aber gut zielen, wenn das alles in den dünnen Schlauch kommt!«

Ich bin Gott zutiefst dankbar für das Geschenk der Fröhlichkeit, das mir immer wertvoller wird. Doch nicht nur heiterer Spaß bestimmt mein Leben, sondern eine Freude, die viel tiefer sitzt, unabhängig von äußeren Anlässen, sogar unabhängig von der persönlichen Lebenssituation.

Immer wieder werden wir im Neuen Testament aufgefordert: *»Freut euch!«* Es kann nur eine *göttliche* Freude sein, die auch dann noch bestehen bleibt, wenn der

Lebensweg holprig und steil wird. In Psalm 16,11 heißt es: *»Du tust mir kund den Weg des Lebens; vor dir ist Freude die Fülle.«* Mein eigener Lebensweg sieht nicht immer rosig aus, aber der Weg des Lebens, den die Bibel mir zeigt, der führt zur Freude, zur ewigen Herrlichkeit bei Gott. Und dieser Weg hat einen Namen: Jesus!

Neben meinem Schreibtisch hängt ein eingerahmter Bibelvers: *»Bekümmert euch nicht, denn die Freude am Herrn ist eure Stärke!«* (Nehemia 8,10). Nahezu täglich erlebe ich die tiefe Wahrheit dieses Satzes. Zwar ist meine (körperliche) Stärke mittlerweile arg ramponiert, doch die Freude am Herrn scheint ständig zu wachsen. Das macht mich stark!

Paulus schreibt: *»Freut euch im Herrn allezeit! Wiederum will ich sagen: Freut euch!«* (Philipper 4,4). Wenn mich jemand fragt, woher ich meine Freude nehme: Hier liegt die Antwort! Ich gehöre zu Jesus Christus. Kann es etwas Besseres geben?!

Spaß und Lachen sind wunderbar, aber sie haben ihre Zeit, auch für mich. Manchmal erscheint mir meine Situation alles andere als spaßig.

Doch die Freude an Jesus Christus bleibt auch, wenn jeder Spaß schon längst vergangen ist.

Wie ein Stück Fleisch

Bewegungsunfähig liege ich in meinem Bett, wie ein Käfer auf dem Rücken. Ich kann noch nicht einmal mit den Zehen wackeln. Mir ist heiß, doch ich kann die Decke nicht allein abstreifen. Meine Atemmaske drückt sich in die empfindliche Gesichtshaut. Ich höre Geräusche im Flur: Sie kommt.

Sie nimmt mir die Decke ab und setzt mich im Bett auf. Mit einer speziellen Vorrichtung hebt sie mich aus dem Bett in den Duschrollstuhl. Ich werde nackt ausgezogen, eingeseift, abgeduscht.

Wie ein Stück Fleisch, denke ich. Erniedrigend, würdelos. Wieder ertrinke ich in Selbstmitleid. Da hilft nur ein drastischer Perspektivenwechsel.

Ja, ich bin gelähmt, aber rund um die Uhr werde ich

liebevoll und einfühlsam versorgt. Mein Mann, meine Kinder, etliche Pflegekräfte bemühen sich um mich. Ein Atemgerät erhält meine Sauerstoffversorgung aufrecht. Mit einem Elektrorollstuhl bin ich mobil. Aus dieser Perspektive betrachtet, hat Selbstmitleid keine Berechtigung mehr. Langsam kann ich den Blick von mir selbst lösen.

Bewegungsunfähig liegt er auf dem Boden, blutüberströmt. Rasende Schmerzen lassen jedes unwillkürliche Zucken eines Muskels zur Tortur werden. Sengende Hitze durchflutet den gefolterten Körper. Jeder Atemzug ist eine Qual. Spottende Rufe, Schreie des Entsetzens überall. Sie sind da.

Sie nehmen die Handgelenke und schlagen grobe Nägel hinein. Dann die Fußgelenke. Die Schmerzen sind unerträglich, entziehen sich jeder Beschreibung. Sie reißen ihm die Kleider vom Leib. Unter Gejohle richten sie den rohen Holzbalken senkrecht auf. Wie ein Stück Fleisch. Er wird erniedrigt, gedemütigt, seine Würde wird mit Füßen getreten.

Und Jesus hat Mitleid mit seinen Henkern. Er betet für die, die ihn quälen. Nur ein Wort, ein Gedanke von ihm, und die Qual hätte ein Ende. Er lässt alles mit sich geschehen, als ob er wirklich hilflos wäre. Sie zerstören gedankenlos einen menschlichen Körper, den ER erdenken und erschaffen kann. Sie können nur atmen, weil ER sie erhält. Selbst die Erde, auf der das Kreuz steht – durch sein Wort war sie einst entstanden.

In seinem Denken ist kein Platz für Selbstmitleid. Jesus hat eine andere Perspektive. Er hat die Menschen im Blick, die er ins Dasein gerufen hat.

Er hat Misshandlungen, Folter und Tod freiwillig aus Liebe auf sich genommen. Er hat die Schuld meines ganzen Lebens freiwillig aus Liebe mit seinem Tod bezahlt. *»Er wurde um unserer Übertretungen willen durchbohrt, wegen unserer Missetaten zerschlagen; die Strafe lag auf ihm, damit wir Frieden hätten, und durch seine Wunden sind wir geheilt worden«* (Jesaja 53,5).

Nach den grausamen Qualen und der Finsternis des Todes geschieht schließlich die Auferstehung, die Vollendung einer einzigartigen Rettungsaktion.

Wie kann dieses Geschehen vor fast 2000 Jahren noch Auswirkungen auf mich haben?

Ich wache auf und weiß: Gott kennt meine Situation. Er ist bei mir, wenn mich das Selbstmitleid überflutet.

Ich kann traurig sein, aber ich muss nicht verzweifeln.

Ich kann mich nach Heilung sehnen, aber er tröstet mich auch in Krankheit.

Ich kann mich an meinen sündigen Gedanken und Worten wundreiben, aber er ist der Ausweg aus meiner Schuld. Das unermessliche Leiden von Jesus zeigt wie ein leuchtender Pfeil in die Ewigkeit Gottes.

Bewegungsunfähig liege ich in meinem Bett, und ich bete. Ich danke Jesus Christus, dass er für mich ein Leben auf dieser noch unvollkommenen Erde gelebt hat. Ich danke ihm, dass er Freude und Lachen, Singen und Spielen kennt. Ich danke ihm, dass er Leiden und Weinen, Trauer und Schmerzen kennt. Und ich danke ihm vor allem, dass er das alles eingesetzt hat, um unvollkommene, sündige Menschen, ja sogar mich zu erlösen, damit wir jetzt und in der Ewigkeit mit ihm zusammen sein können.

Wenn das kein Grund zur Freude ist?!

Ständig macht sie alles falsch

Jetzt hat sie schon wieder vergessen, mein Atemgerät an die Steckdose anzuschließen! Und vorhin beim Anziehen hat sie mein Bein so ungeschickt angehoben, dabei habe ich ihr doch schon tausendmal gesagt ... immer macht sie alles verkehrt! Habe ich sie nicht die ganze letzte Woche schon darauf aufmerksam gemacht, dass das Wasser zum Mundausspülen warm sein soll? Aber ... das war ja gar nicht Susanne. Letzte Woche stand doch Anita auf dem Dienstplan. Na egal, immer macht jeder alles falsch.

Doch ich bin ja so geduldig. Ich sage nichts, ich »leide« still. Verdrossen lasse ich mir mein Frühstücksbrot in den Mund schieben.

Ein wenig später habe ich mich beruhigt, sitze friedlich an meinem Computer und lese in meiner Bildschirm-Bibel, wie der temperamentvolle Petrus Jesus eine Frage stellt: Wie oft muss ich vergeben (siehe Matthäus 18,21-22)? Immer wieder staune ich über die Antwort. Offenbar erwartet Jesus von seinen Jüngern (und von mir!), dass man immer und immer wieder vergibt. Also gut, denke ich. Dann werde ich auch diesmal wieder meiner Pflegekraft alle Ungeschicklichkeiten großmütig verzeihen.

Da trifft es mich plötzlich wie ein Blitz. Nicht nur ich muss vergeben, in erster Linie brauche ich die Vergebung anderer! Langsam fällt es mir selbst auf, wie ungerecht und kleinlich ich werde, ein Nörgler und Besserwisser. Ob die Menschen in meiner Umgebung wohl auch *mir* vergeben, wenn ich sie darum bitte? Nun, damit wäre zumindest auf der menschlichen Ebene alles geklärt. Aber Vergebung ist ja noch viel mehr. In meinem Kopf entstehen Bilder.

Da sitzt er, ein bärenstarker Mann, und weint verzweifelt, wie ein Kind. Was hat er getan? Was hat er bloß getan?! Jahrelang hatte er aus nächster Nähe gesehen, wie Jesus mit den Menschen umging, die zu ihm kamen. Wie er heilte, wie er segnete, wie er tröstete, wie er mit ihnen redete. Nicht ein einziges Mal hatte er ihn gereizt oder ungeduldig gesehen. Oft hat Jesus mit großem Ernst von einer Entscheidung gesprochen: einer Entscheidung zum Leben mit Gott. Aber irgendetwas war schief gelaufen, ganz entsetzlich schief. Alles ist vorbei. Resignation und Verzweiflung machen sich breit. Gibt es keinen Ausweg? Schwerfällig steht Judas auf, ein gebrochener Mann. Er geht weg und erhängt sich.

Ein anderer Mann, sonst kraftvoll und anpackend, ist völlig in sich zusammengesunken. Auch er weint, ist am Boden zerstört. Was hat er getan? Was hat er bloß getan?! Ihn, seinen Herrn, den Messias, den Sohn Gottes feige verleugnet, und vorher hatte er doch den Mund noch so voll genommen. Wenn er ihm doch nur sagen könnte, wie leid es ihm tut! Wenn er es ihm doch nur sagen könnte!

Beide sind schuldig geworden, doch nur einer empfängt Vergebung, denn er begegnet dem auferstanden, dem lebendigen Herrn Jesus Christus.

Das ist meine Chance! Wenn ich mich an Jesus wende, vergibt er auch mir, obwohl er mich kennt, durch und durch! Und er kennt mich sicher besser als jener freundliche Mitchrist, der mir kürzlich sagte: »Vielleicht ist es ein Vorteil, im Rollstuhl zu sitzen – man hat nicht so viele Gelegenheiten zur Sünde!« Ich muss sagen: Ich persönlich habe diesen »Vorteil« bei mir noch nicht entdeckt! Denn ganz ehrlich, die wenigsten Sünden muss man unbedingt mit Händen und Füßen begehen, die Gedanken und der Mund reichen völlig aus.

Meine bitteren Gedanken den Menschen gegenüber,

die mir Hände und Füße ersetzen – Sünden, die ich Jesus bekennen muss.

Meine unbedachten Worte, unnötig und verletzend, sie beleidigen auch Gott.

»Christus hat unsere Sünden auf sich genommen und sie selbst zum Kreuz hinaufgetragen. Das bedeutet, dass wir für die Sünde tot sind und jetzt leben können, wie es Gott gefällt. Durch seine Wunden hat Christus uns geheilt« (1. Petrus 2,24 NeÜ).

Ich danke Gott, dass ich täglich aufs Neue Vergebung empfangen darf. Allerdings bin ich ja nicht dazu *verpflichtet*, jeden Tag zu sündigen. Auch nicht in Gedanken.

Mit allen Sinnen: Sommer!

Gerade habe ich eine wunderbare Beschäftigung. Ich sitze im Garten und freue mich! Mit Hilfe einer kleinen Rampe kann ich auf die Terrasse fahren. Mein Elektrorollstuhl hat eine Menge technischer Raffinessen, und heute benutze ich die »Liegestuhl-Funktion«.

Gottes Welt ist wunderschön, besonders an einem Sommertag im Freien!

Ich sehe den wolkenlosen blauen Himmel, ganz hoch oben zwei gleitende Punkte. Bussarde nutzen die Thermik und ziehen weite Kreise. Drei große Birken und etliche Sträucher und Hecken beherbergen zahlreiche Vögel. Finken und Meisen, Amseln und Rotkehlchen haben offenbar alle viel zu tun, ganz zu schweigen von den Schwalben, die ihre eindrucksvolle Flugakrobatik vorführen.

Ich schließe die Augen und höre den Sommer. Die Vögel sind nicht stumm während ihres geschäftigen Treibens, sie zwitschern, flöten, singen, ganz wie Gott es in jeder Art angelegt hat. Im Hintergrund höre ich den Bach plätschern, der Wind rauscht in den Blättern. Mit einem tiefen Summen fliegt eine Hummel vorüber.

Mit geschlossenen Augen spüre ich auch den Wind, der mit meinen Haaren spielt; die Wärme der Sonnenstrahlen auf meinem Gesicht.

Neben mir duftet das Kräuterbeet: Rosmarin und Pfefferminze, ein Hauch von Lavendel. Die frisch gemähte Wiese übertönt diese zarte Duftsinfonie fast mit ihrem satten grünen Geruch. Sogar durch den Filter meines Atemgeräts kann ich den Sommer riechen.

Meine Pflegerin bringt mir eine Schüssel frischer Erdbeeren. Süß und saftig zergehen die Früchte fast auf der Zunge.

Viel lieber läge ich jetzt in der Hängematte oder direkt auf der Wiese, wenn nur mein gelähmter Körper mir da keinen Strich durch die Rechnung machen würde ... Und dennoch, mein Körper verfällt zwar, hat viele Funktionen eingebüßt, aber der »Rest« lebt! Ich kann sehen, hören, spüren, riechen, schmecken. Gott schenkt mir noch so viel! Ich kann singen, beten und danken!

Die wachsende und blühende Schöpfung im Sommer ist wie ein Bilderbuch Gottes. In der Natur zeigt uns der Schöpfer die ganze Pracht und Vielfalt des Lebens. Doch eine anmutige Libelle oder auch nur ein »simpler« Grashalm sind auch Boten der Vergänglichkeit, mit der wir auf dieser Erde noch leben müssen. Wie schnell sind die zarten Strukturen zerstört, herausgerissen aus dem prallen irdischen Leben. Täglich und stündlich erfahre ich es am eigenen Körper. Diese geniale Konstruktion Gottes, der menschliche Körper, ist nicht auf die Ewigkeit hin angelegt. Er ist nur eine Anzahlung, ein erster Vorgeschmack auf das wahre, das richtige, das ewige Leben.

Auf den Brennnesseln am Zaun kriechen träge einige Raupen. Gibt es etwas Erdverbundeneres als diese gefräßigen dicken Rollen? Ihr einziger Lebenszweck scheint es zu sein, möglichst schnell möglichst viel zu fressen. Und ästhetisch schön sehen sie auch nicht gerade aus, nicht wahr? Aber irgendwann einmal hören sie auf zu fressen und verpuppen sich. Und dann geschieht im Verborgenen das große Wunder, die Metamorphose. Eines Tages schlüpft ein seidiger Schmetterling aus der Puppenhülle, erhebt sich in die Lüfte und tanzt schwerelos mit dem Sommerwind.

Ich kann mir kaum einen größeren Gegensatz vorstellen als den zwischen der Raupe und dem Schmetterling. Aber ist es nicht genau das, was Gott uns lehren will?

Mein Körper ist jetzt krank, viele Funktionen sind einfach ausgefallen. Wie eine Raupe muss ich mich mit der Schwerkraft des Lebens herumplagen. Doch ich weiß genau, dass ich exakt nach Gottes Zeitplan, vielleicht schon bald, meinen verbrauchten und beschädigten Körper zurücklassen werde, und Gott wird mich mit einem neuen Körper ausstatten, tauglich für die Ewigkeit.

Ein Schmetterling flattert vorüber, setzt sich auf die Spitze des Rosenstrauchs – ein kleiner Bote Gottes für mich.

Hättest du geglaubt, Schmetterling, einmal fliegen zu können, als du noch eine Raupe warst?

Seidenfell und Samtpfoten

Ein ruhiger, friedlicher Morgen. Träge liegt mein grauer Kater in der Sonne. Mit dem seidigen Fell und seinen dicken Samtpfoten sieht er aus wie ein Kuscheltier. Schläft er? Ganz offensichtlich ist er völlig mit sich im Reinen. Harmonisch und friedlich sieht er aus, und er erfüllt perfekt sein »Anforderungsprofil« bei mir: Er ist dekorativ und strahlt Gemütlichkeit aus.

Eine behäbige Amsel landet auf der Wiese. Sie ist auf Futtersuche und läuft geschäftig hin und her. Den schlafenden, bewegungslosen Kater hat sie noch gar nicht wahrgenommen. Doch der öffnet jetzt die Augen, hebt den Kopf, die Ohren richten sich aufmerksam auf. Die ahnungslose Amsel huscht unter die dichte Tanne.

Jetzt richtet der Kater sich lautlos auf, schleicht mit

weichen, fließenden Bewegungen auf den unaufmerksamem Vogel zu. Ich will aus meinem Rollstuhl aufspringen, den Kater festhalten, den Vogel warnen, doch das alles kann ich nicht. Plötzlich ein schriller Schrei. Der Kater hat seine Beute erwischt. Unter den dichten Zweigen war ihr der Fluchtweg nach oben versperrt.

Wie kann es sein, dass mein sanftes Plüschtier auf einmal so brutal ist? Wie kann es sein, dass ein unachtsamer Vogel so sinnlos sterben muss?

Die instinktive Aggression meines Katers macht mich traurig und ratlos. Warum zerstört er den Frieden? Warum tötet er? Warum ist er nicht friedlich, lässt den Vogel in Ruhe sein Futter suchen? Warum lässt Gott eine Katze »nur zum Vergnügen« morden?

Alle Fragen laufen auf eine einzige Antwort hinaus: Die Sünde hat alles zerstört.

Selbst die ursprünglich vollkommene Schöpfung Gottes hat durch die Sünde des ersten Menschenpaares gelitten, und sie leidet bis heute. Überall lauern Gewalt, Brutalität, Unfrieden – mit einem Wort *Sünde*! Gott hält uns in der Natur immer wieder einen Spiegel vor: Seht, Menschen, so seid auch ihr! Ich fühle mich vielleicht wie ein schnurrendes Kätzchen, sanft und ach so friedlich, doch tief im Innern bin auch ich oft ein brüllender, zorniger Löwe.

Eine Katze ist nicht verantwortlich für ihr Tun, sie folgt ihren Instinkten. Und wir Menschen? Auch wir können den Frieden nicht »machen«, auch als »kranke Frau im Rollstuhl« überkommt mich die Aggression. Wie man es auch dreht und wendet: Die Sünde, für die ich selbst verantwortlich bin, steht immer dazwischen.

Längst liegt mein Kater wieder in der Sonne und schläft. Wieder wirkt er friedlich und harmonisch. Doch nun liegt auch eine tote Amsel auf der Wiese, die Federn weitverstreut. Ich will aus meinem Rollstuhl aufspringen und wenigstens die Folgen des Massakers beseitigen, doch auch das kann ich nicht. Ich muss es aushalten.

Wir müssen es einfach aushalten, dass Gottes Frieden noch nicht endgültig angebrochen ist. Aber hat Gott nicht selbst Frieden auf Erden verkünden lassen, damals, in Bethlehem, als der Erlöser geboren war? Ja, und der verheißene Frieden hängt eng mit der Person des Erlösers Jesus Christus zusammen, ohne ihn gibt es keinen Frieden. Aber in ihm habe auch ich jetzt schon »Frieden mit Gott« – ein wunderbares Geschenk.

Ich träume, weit in die Zukunft hinein. Raubtiere und Schafe werden einmal zusammen weiden, die Löwen werden Stroh fressen wie die Kühe (siehe Jesaja 65,25). Will dann auch mein Kater nur noch Grünzeug? Und fressen dann auch die Amseln nicht mehr Regenwürmer, sondern Körner? Hat es dann endlich ein Ende mit dem Fressen und Gefressenwerden?

Gott, der Schöpfer, verheißt in seinem Wort eine neue Schöpfung. Wirklicher, himmlischer Frieden wird herrschen, wenn Gott einen neuen Himmel und eine neue Erde geschaffen hat, und wenn alle Geschöpfe, Menschen und Tiere, mit dem Frieden Gottes verwoben sind. Erst dann, wenn die Sünde endgültig vernichtet ist, herrscht Frieden.

Ob ich dann wohl in einem himmlischen Garten sitzen kann, ohne Rollstuhl (Hurra!), und die Katze schläft friedlich weiter, während die Amsel dicht an ihr vorbeihuscht ...?!

Alltag in Zeitlupe

Mühsam tippe ich einen Buchstaben nach dem anderen. Mein rechter Unterarm liegt auf einer Stütze auf; so kann ich trotz Lähmung die Hand über der Tastatur »schweben« lassen. Der Ringfinger hat noch genügend Stabilität, um seitwärts hängend eine Taste zu bedienen. Es geht langsam – aber es geht. Warum bin ich nur so ungeduldig?

Ich bin es einfach anders gewöhnt. Üblicherweise arbeite ich mit einem Spracherkennungs-Programm. Ich diktiere meinem Computer, was ich schreiben möchte, und das Programm setzt mein Diktat in geschriebenen Text um. So kann ich trotz der unbrauchbaren Hände ohne Weiteres »schreiben«. Aber dieses schlaue Programm ist zurzeit kaputt. Also brauche ich mal wieder ausgesprochen viel Geduld ...

Ich bin sehr dankbar für die vielen technischen Hilfsmittel, die meinen Alltag erleichtern. Aber die meisten Hilfsmittel sind, im Gegensatz zu meinem Computer, sehr gemächlich. Und manchmal macht mich diese erzwungene Zeitlupe enorm ungeduldig. Wenn Sie diese Seite zu Ende gelesen haben, dann blättern Sie um. Das dauert nur einen kurzen Moment. Bei mir geht das so: Unmittelbar neben meinem Handgelenk liegt ein sehr empfindlicher Taster. Mit einer geringen Restkraft kann ich das Handgelenk minimal drehen und damit einen Impuls an meinem Blattwendegerät auslösen. Ein komplizierter Mechanismus wird in Gang gesetzt, der innerhalb von 55 Sekunden die Seite umblättert. Eine Minute kann so lang sein, wenn man wartet!

Wenn Sie aufstehen wollen, dann stehen Sie einfach auf. Wenn ich aus meinem Rollstuhl heraus will, bekomme ich zuerst einen speziellen Gurt angelegt, dessen Schlaufen in einen sogenannten Lifter eingehängt werden. Damit werde ich elektrisch (und sehr langsam!) hochgehoben und z.B. im Bett wieder abgesetzt. Die ganze Prozedur dauert mit allem Drum und Dran durchschnittlich 15 Minuten! Manchmal zappele ich innerlich vor Ungeduld.

In all diesen Situationen wird mir immer wieder schmerzlich bewusst, dass mein Körper krank ist. Wussten

Sie schon, dass das Wort *Patient* aus dem Lateinischen kommt? Es bedeutet ursprünglich *geduldig*! Aber warum soll ich eigentlich immer geduldig sein?

Natürlich ist Geduld eine Tugend, aber was ist daran letztlich so tugendhaft? Bedeutet Geduld nicht einfach nur passives *Warten*? Weil man manchmal ja gar nicht anders kann? Weil man etwas einfach ertragen muss? Nein, ich glaube, Geduld kann eine sehr aktive Eigenschaft sein! Wäre sie sonst eine Frucht des Geistes? Und es gibt viele gute Vorbilder in Hinsicht auf Geduld. Nehmen wir zum Beispiel Jakob. Sieben lange Jahre musste er warten, bis er endlich seine Rahel heiraten durfte. Ob er in dieser Zeit nur schmachtend dagesessen und Däumchen gedreht hat? Ich nehme an, dass er wohl eher in all den Jahren damit beschäftigt war, sich aktiv auf die Erfüllung seines Wartens, die Hochzeit und das Familienleben, vorzubereiten.

Abraham hat an einem Punkt seines Lebens nach langen Jahren des geduldigen Wartens die Sache mit dem verheißen Sohn doch lieber selbst in die Hand genommen. Die Konsequenz: Er ruft Unfrieden in der Familie hervor, er verletzt andere durch sein ungeduldiges eigenmächtiges Handeln, er stellt sich gegen Gott.

Ist das bei mir und meiner Ungeduld anders?

Ich probiere es einfach mal aus mit dem »aktiven

Warten«, mit Geduld und Gelassenheit! In jeder Zwangspause in meinem Alltag (und davon gibt es eine Menge!) lasse ich nicht einfach nur die Zeit vergehen, sondern ich fülle sie mit meinen Gedanken. Während ich geduldig warte, dass irgendetwas für mich oder an mir erledigt wird, kann ich beten, planen, vielleicht singen, mitunter tiefe Gespräche mit meiner Pflegekraft führen.

Im Kolosserbrief werden wir aufgefordert, uns in der Kleiderkammer Gottes zu bedienen, und eines der Kleidungsstücke, die wir anziehen sollen, ist die Geduld: *»Weil Gott euch nun auserwählt hat, zu seinen Heiligen und Geliebten zu gehören, bekleidet euch mit barmherziger Zuneigung, mit Güte, Demut, Milde und Geduld!«* (Kolosser 3,12 NeÜ).

Keine Kleidung wäre für mich manchmal leichter!

Der Geheimcode

Ich fuhr mit meinem Elektrorollstuhl durch die belebte Fußgängerzone. Bei freundlich-sonnigem Wetter saßen viele Menschen in den Straßencafés und genossen ihre Mittagspause. Plötzlich musste ich grinsen. Eine junge Frau kam mir entgegen, und auf ihrem modischen T-Shirt prangten vier japanische Schriftzeichen. »Was erheitert dich denn so?«, fragte meine Freundin irritiert. »Die Schriftzeichen! Zwei standen auf dem Kopf und eines war spiegelverkehrt. Das sieht vielleicht witzig aus!« – »Was du immer hast! Ich sehe ohnehin keinen Sinn in diesen Schriftzeichen!«, meinte meine Freundin kopfschüttelnd.

Verständlich für die meisten Menschen in unserem Kulturkreis. Wer kann schon japanisch? Nun, ich kenne einige Europäer, die japanische Schriftzeichen lesen können, denn vor vielen Jahren haben wir gemeinsam studiert. Ich hatte mich damals auf das Fach Japanologie spezialisiert, und mühsam lernten wir die komplexen Schriftzeichen zu lesen und zu schreiben. Ich erinnere mich noch gut an unsere allerersten Lektionen. Ein Lehrbuch mit den fremdartigen Schriftzeichen lag vor uns. Doch unsere Augen waren noch nicht darin geschult, einen Sinn in den scheinbar wirren Strichen und Punkten zu sehen. Alles schien gleich auszusehen und völlig sinnlos, wie ein Geheimcode. Doch mit der Zeit lernten wir, wie ein Schriftzeichen aufgebaut ist, aus welchen Elementen es besteht, wie es geschrieben und gelesen wird, wie man es in einem Wörterbuch wiederfindet. Und schließlich entwickelt das Auge ein Gespür für Sinn oder Unsinn eines Schriftzeichens. Wir hatten den Code entschlüsselt! Wenn man diesen Punkt erreicht hat, dann erscheint es einem tatsächlich witzig, wenn ein Schriftzeichen verkehrt herum auf ein T-Shirt gedruckt wird!

Vielen Menschen geht es ähnlich wie meiner Freundin mit den Schriftzeichen: Sie sehen keinen Sinn in ihrem Leben, weil ihr Auge und ihr Herz nicht dafür geschult sind. Im Jahr 2009 starten Atheisten eine Aktion und fahren mit einem Bus durch deutsche Städte, um die

Menschen von der Sinnlosigkeit des Lebens zu überzeugen. Unsere Gemeinde hat, wie so viele andere auch, die Gelegenheit genutzt und ebenfalls ein Bus-Café in die Fußgängerzone gestellt. Mit der besten Botschaft der Welt, der Botschaft von der Liebe und Gnade von Jesus Christus, möchten wir unseren Mitmenschen die Augen öffnen für den Sinn des Lebens. Wir möchten ihnen helfen, den Geheimcode ihres Lebens zu entschlüsseln!

Da ich nicht mehr aktiv auf die Passanten zugehen kann, habe ich mir ein Plakat malen lassen, das neben mir steht: »Hauptsache gesund!? Glauben Sie das auch? Sprechen Sie mich an!« Jeder kann mir ansehen, dass die Gesundheit in meinem Leben nicht mehr die Hauptrolle spielt. Aber was ist es dann? Gibt es noch einen Sinn selbst in meinem Leben? Viele Menschen sind ratlos und verunsichert, manche auch resigniert. Ich frage sie nach dem Sinn *Ihres* Lebens. An erster Stelle rangiert bei vielen die Familie. Aber was ist, wenn die Familie zerbricht, wenn Krankheit und Tod auf sie einstürzen? Man gibt mir Fragen zurück. Wie kommt es, dass ich trotz Lähmung, Rollstuhl und Atemgerät ruhig und gelassen leben kann?

Ich denke, es liegt daran, dass mein Inneres Auge und mein Herz darin geschult sind, die Gedanken Gottes für uns Menschen, niedergelegt in der Bibel, aufzunehmen und zu verarbeiten. Sie ergeben für mich einen tiefen Sinn, und sie geben meinem ganzen Leben Richtung und Ziel.

So wie man lernen kann, japanische Schriftzeichen zu verstehen, so kann man auch lernen, die Stimme Gottes zu hören und seine Worte zu verstehen. Es ist sogar noch viel einfacher. Der Geist Gottes hilft jedem Menschen, der sich ernsthaft darauf einlassen will. Er ist der Schlüssel für den »Geheimcode« der Bibel.

Der französische Philosoph und Mathematiker Blaise Pascal (1623-1662) schrieb einmal: »Herr, ich bitte weder um Gesundheit noch um Krankheit, weder um Leben noch um Tod, sondern darum, dass du über meine Gesundheit und meinen Tod verfügst zu deiner Ehre und zu meinem Heil. Du allein weißt, was mir dienlich ist. Du allein bist der Herr, tue, was du willst.«

Soli Deo Gloria – Gott allein die Ehre! Ob in Krankheit oder Gesundheit. Gibt es einen besseren Sinn des Lebens?!

Familiengeheimnis

Mein Vater hatte Zeit seines Lebens gesundheitliche Probleme. Nach einem Unfall im Alter von fünf Jahren waren damals, im Januar 1920, Hüft- und Kniegelenk des rechten Beines nicht einfach zusammenzuflicken. Der kleine Junge wurde lebenslänglich zum »Krüppel«. Doch er lernte, damit zu leben.

Um seine Arbeitskraft erhalten zu können, fuhr mein Vater später jeden Sommer sechs Wochen lang zur Kur, jeweils drei Wochen in Begleitung der ganzen Familie und drei Wochen mit einem der Kinder allein. Als ich zehn Jahre alt war, war ich überglücklich, meinen Papa zum ersten Mal drei Wochen lang für mich ganz allein zu haben. Zwar hatte er täglich Anwendungen im Kurhaus, und während dieser Zeiten musste ich mich allein beschäftigen; doch in der übrigen Zeit war er nur für mich da. Er fuhr mit mir zu einem riesengroßen Spielplatz, und unterwegs im Auto sangen wir zweistimmig. Wir kauften zusammen ein und machten dann ein Picknick im Grünen, ausschließlich mit meinen Lieblingsspeisen. Einmal gingen wir sogar ins Kino und sahen Disneys *Dschungelbuch.* An Regentagen bastelte mein Papa mit mir aus Papier und Pappe unseren eigenen kleinen Zoo. Durch diese ganze Zeit zog sich wie ein roter Faden die Gewissheit, dass mein Papa mich liebte und sich ganz auf mich einstellte.

Unbewusst hat mein Vater während meiner Kindheit ein starkes Bild der Liebe Gottes in mein Herz geprägt. Nie zweifelte ich daran, dass auch mein himmlischer Vater mich liebt und es gut mit mir meint.

Seit einigen Jahren veranstalten wir jedes Jahr im Sommer ein Familienfest ohne besonderen Anlass. Mittlerweile gehören wir, meine Geschwister und ich, zur Großeltern-Generation, einige unserer Kinder sind zu Eltern geworden, und schon sieben Kindeskinder bevölkern den Garten. Beruf und Lebensumstände, Einstellungen und Vorlieben könnten unterschiedlicher nicht sein, doch wir genießen unser Familientreffen immer sehr. Wir wissen, dass wir alle zur selben Familie gehören, letztlich denselben Vater, Großvater, Urgroßvater haben – meinen Papa!

Ganz ähnlich ist mein Empfinden, wenn ich in meiner Gemeinde bin. Auch hier kann ich mir kaum größere Unterschiede zwischen den Geschwister vorstellen, doch ist unser Band der Gemeinsamkeit noch stärker und fester. Jeder Einzelne in der Gemeinde lebt aus seiner Beziehung zu Gott. Als ich einmal zu einem christlichen Seminar fuhr, stand an der Rezeption ein Schild: »Wir haben alle denselben Vater, deshalb sagen wir Du zueinander!« Was für eine große und verzweigte Familie mit Geschwistern aus allen Völkern und Erdteilen! Und das Allerbeste: Jesus ist immer im Zentrum seiner Familie!

Wie wichtig meine geistliche Familie in meinem Leben ist, wurde mir vor einigen Jahren sehr schmerzlich klar. Als ich krank wurde und langsam, aber stetig die Kontrolle über meinen Körper verlor, kam irgendwann der Punkt, an dem ich die lange Treppe hinauf zu den Gemeinderäumen nicht mehr überwinden konnte. Ich musste viele scheinbar endlose Sonntagvormittage allein zu Haus ertragen. Wie sehr man doch seine Geschwister vermissen kann: das Eingebundensein in die geistliche Familie, das gemeinsame Singen und Beten, den geistlichen Austausch. Da mein Mann seine Verantwortung in der Gemeinde nicht von heute auf morgen abgeben konnte, dauerte dieser Zustand fast ein Jahr. Immer drängender empfand ich die Notwendigkeit, eine neue geistliche Heimat zu finden. Doch in unserer Gegend sind biblische Gemeinden rar; und zudem musste es eine sein, die mit dem Rollstuhl, ohne Treppen und Stufen zu erreichen ist!

Wie glücklich und erleichtert war ich, als wir endlich eine neue Gemeinde gefunden hatten und von den Geschwistern liebevoll aufgenommen wurden! Menschlich gesehen waren wir einander unbekannt, und doch nicht fremd! Unser gemeinsamer Vater im Himmel schaffte sofort eine innige und herzliche Verbindung. Ich empfinde dies nach wie vor als großes Wunder Gottes!

Wissen Sie, worauf ich mich nun besonders freue? Auf das große Familienfest im Himmel, wenn alle Kinder Gottes für immer in seiner Gegenwart und in inniger Gemeinschaft miteinander leben dürfen. Das ist ein wunderbares Familiengeheimnis, finden Sie nicht auch?

In diesem Sinne schreibt meine Schwester Dorisso aus Papua-Neuguinea (siehe S. 25, »Das Gießkannenprinzip Gottes«) unter ihre Briefe: *»See you in heaven!«*

Sehen wir uns dort auch?

»Todesurteil« mit Verheißung

Die durchschnittliche Lebenserwartung nach der Diagnose ALS beträgt circa drei bis vier Jahre. Die Todesursache ist eine unaufhaltsame Lähmung der Atemmuskulatur.« Als ich diese Worte las, war ich vierzig Jahre alt. Drei bis vier Jahre? Und bis dahin nur Krankheit und Siechtum? *Mein Gott, das kann doch nicht dein Ernst sein!*

Drei Jahre später, eine kalte Winternacht. Schon wieder werde ich wach, setze mich mühevoll im Bett auf, atme schwer. Ein Blick auf die Uhr zeigt mir, dass seit dem letzten Aufwachen nur eine halbe Stunde verstrichen ist. Mühsam stehe ich auf, öffne das Fenster, versuche in der Kälte tief durchzuatmen, lege mich fröstelnd wieder ins Bett. Jede Nacht wird es schlimmer. Ich bekomme einfach im Schlaf keine Luft mehr. Ich beginne, mich vor der Nacht zu fürchten. *Wie lange noch, Herr?*

Wenn der Tod sich räuspert, sucht jeder einen festen Halt. Einige Wochen später schlafe ich wieder wie ein Murmeltier. Ich habe ein Atemgerät bekommen, das die Atemmuskulatur unterstützt. *Danke, Herr, für diese Gnadenfrist!*

Mittlerweile benutze ich mein Atemgerät circa 18 Stunden am Tag, und ich lebe bereits seit zehn Jahren mit einer »tödlichen« und unheilbaren Krankheit. Ich bin so sicher wie nie zuvor: Gott hat mein Leben in seiner Hand!

Ganz gleich, welche Person zu welchem Zeitpunkt unter welchen Umständen stirbt, es ist immer letztlich Gottes Wille die Todesursache. Kein Mensch ist zu irgendeiner Zeit seines Lebens sicher vor dem Tod. Niemand kann wissen, wie viel Zeit ihm noch bleibt. In der Bibel lese ich ein weises Gebet: *»Lehre uns bedenken, dass wir sterben müssen, auf dass wir klug werden!«* (Psalm 90,12). In den letzten Jahren habe ich viel darüber nachdenken können, dass ich sterblich bin. Gottes Wort hat mir die Perspektive der Ewigkeit ins Herz gebrannt.

Es erschreckt mich immer wieder, auf welche tragischen Irrtümer so viele Mitmenschen ihr Leben aufbauen. Verschiedene repräsentative Umfragen zeigen, dass »nur«

20-40% *nicht* an ein Leben nach dem Tod glauben. Doch was genau glaubt der Rest? Der Gedanke an einen »lieben Gott«, der für alles Verständnis hat und der selbstverständlich niemanden ausgrenzt, scheint allgegenwärtig zu sein. Der Himmel verkommt zu einer Fortsetzung des Erdenlebens »in einer anderen Dimension«. Ist das nicht ein genialer Schachzug des Teufels? Er hat die Hölle und sich selbst einfach abgeschafft, aus dem Bewusstsein der Menschen gehebelt. Übrig geblieben sind nur diffuse und nebulöse Vorstellungen vom Himmel – letztlich ohne Gott.

Wie froh bin ich, dass ich weiß, wohin meine Reise geht. In der Bibel finde ich nicht nur eine exakte Beschreibungen meines »Reiseziels«, sondern auch einen perfekten »Routenplaner«: Jesus Christus ist der Weg! Der Weg steht jedem offen.

Aber Halt, die Reise zum Himmel kann man nur mit einem gültigen »Visum« antreten, ohne Zugangsberechtigung bleibt mir Gottes himmlische Herrlichkeit verschlossen.

Mein Visum ist Jesus Christus allein, er hat die Todesstrafe an meiner Stelle erlitten – was für eine göttliche Gnade!

Und doch ... in den letzten Nächten funktionierte mein Atemgerät anscheinend nicht so gut, und wieder stelle ich die Frage: Steht meine Reise nun doch bald bevor? Die Angst vor dem Unbekannten lässt sich nicht ganz ausschalten. So ähnlich fühlte ich mich vor der Geburt meines ersten Kindes. Ich war gut darüber informiert, was auf mich zukommt, ich hatte mich vorbereitet, ich freute mich darauf, mein Baby endlich in den Armen halten zu können, aber der Geburtsvorgang selbst war mir noch immer fremd.

Ähnlich empfinde ich die Gedanken an meinen Tod. Wie werden die näheren Umstände sein? Was werde ich fühlen? Doch eines ist ganz gewiss: Wann auch immer, wie auch immer: Am Ende werde ich Jesus sehen!

»Wo ist, o Tod, dein Sieg? Wo ist, o Tod, dein Stachel?« (1. Korinther 15,55).

Bilanz

Mein Kalender ist so erschreckend dünn geworden. Schon wieder Dezember?! Ich weiß kaum, in welche Richtung ich blicken soll. Ich staune noch über die Wunder Gottes im fast vergangenen Jahr, doch ich halte auch schon neugierig Ausschau nach der Zeit, die vor mir liegt.

Jede Firma zieht am Jahresende Bilanz. Bei meiner persönlichen Bilanz geht es allerdings nicht um Finanzen, sondern um geistliche Schätze. Wie oft hat Gott mir im vergangenen Jahr seine Gegenwart sehr deutlich gezeigt! Zum Beispiel bei jenem Unfall im September, den ich überschreibe mit *Gottes Verheißungen in meinem Schlafzimmer!*

»Denn er bietet seine Engel auf für dich, um dich zu bewahren auf allen deinen Wegen. Auf den Händen tragen sie dich, damit

du deinen Fuß nicht an einen Stein stößt« (Psalm 91,11-12). Dieser Bibelvers hat sich für mich auf wunderbare Weise bestätigt! Gott hat einen Unfall zugelassen, gleichzeitig aber seine Engel beauftragt ...

Eine »neue« Pflegekraft war bei mir. Sie schien sehr unsicher zu sein, und leider hatte sie nicht kontrolliert, ob die Stange meines Deckenlifters richtig in die Schiene eingehängt war. Das war nicht der Fall. – Mit diesem technischen Hilfsmittel kann ich, in einem Hebetuch hängend, wie mit einer Art Hebekran aus einer Sitzgelegenheit in die andere befördert werden. – Sie zog mich elektrisch hoch, fuhr ordnungsgemäß den elektrischen Rollstuhl unter mir weg, und dann knirschte es ... Ich knallte aus circa 80 Zentimetern Höhe ungebremst und mit voller Wucht auf den Fliesenboden, die Metallstange mit einem sieben Kilogramm schweren Motor am oberen Ende fiel dabei auf mich. Bei dieser plötzlichen Aktion rutschte der Beatmungsschlauch aus der Maske, so dass ich zunächst auch keine Luft bekam.

Es ist nahezu unfassbar, wie Gott mich in dieser Situation bewahrt hat. Natürlich hatte ich überall Prellungen, besonders an Steißbein und Rücken, auch der Nacken und die überdehnten Kniegelenke schmerzten, doch nichts war gebrochen, ich brauchte keine ärztliche

Hilfe. Gottes Engel hatten für alles gesorgt! Wundersamer Weise war ich weder mit dem Kopf aufgeschlagen, noch hatte der Motor mich getroffen: Maßarbeit Gottes! Halleluja!

Nicht immer ist Gottes direkter Beistand so spektakulär wie bei diesem Ereignis, aber nahezu jedes Gotteskind kann davon erzählten. Was haben *Sie* im vergangenen Jahr mit Gott erlebt?

Doch jetzt geht mein Blick in die andere Richtung, in die Zukunft. Was wird das neue Jahr mir bringen? Und was soll ich tun, was muss ich ändern? Die guten Vorsätze haben zwischen Weihnachten und Neujahr Hochkonjunktur. Ich will mehr Zeit mit Gott verbringen, im Gebet und im Hören auf sein Wort. Ich will liebevoller auf meine Mitmenschen eingehen, will mehr Geduld haben. Ich will ... Nein, verkehrt sind gute Vorsätze sicherlich nicht, doch meine Erfahrung zeigt mir, dass auch die besten Vorsätze meist schon im Verlauf des Januars schmelzen, so wie die dünne Schneedecke auf dem Gartentisch den ersten Sonnenstrahlen nicht gewachsen ist. Sollte dann also doch lieber alles beim Alten bleiben?! Nein, nein, ich will mich schon bemühen, in meiner Beziehungen zu Gott zu wachsen. Doch meine Blickrichtung stimmt wohl noch nicht so ganz. Habe ich Gottes Verheißungen, deren

Realität ich so eindrucksvoll erlebt habe, schon wieder aus den Augen verloren? Zwar sehe ich Jesus Christus nicht leibhaftig, und auch seine Engel bleiben meiner Neugier verborgen, aber die Erfahrungen seiner Gegenwart sind so unmittelbar in meinen Alltag verwoben, dass ich auch das kommende Jahr vertrauensvoll in seine Hände legen will.

Nun habe ich doch noch einen guten Vorsatz für das neue Jahr: Ich will mich mit den Verheißungen Gottes beschäftigen. Ich bin gespannt, welche Schätze mein Herr und Gott mich im nächsten Jahr heben lässt!

»Dem, der so unendlich viel mehr tun kann, als wir erbitten oder erdenken, und der mit seiner Kraft in uns wirkt, ihm gebührt die Ehre in der Gemeinde und in Jesus Christus von Generation zu Generation in alle Ewigkeit« (Epheser 3,20-21 NeÜ).

Mein stiller Lehrmeister

Vor vielen Jahren bekam ich zum Geburtstag einen kleinen Weihnachtskaktus geschenkt. Er hatte ein halbes Dutzend rosarote Knospen und sah noch recht unscheinbar aus. Nach kurzer Zeit wurden aus den Knospen exquisite zarte, pastellfarbige Blüten, ein richtiger Blickfang. Doch schon zwei Wochen später war die Pracht verblüht, und die Pflanze wirkte völlig nichtssagend. Sie stand auf meiner Fensterbank, bekam ab und zu einen Schluck Wasser, doch ich schenkte ihr keine große Beachtung mehr. Erst ein ganzes Jahr später, kurz vor meinem nächsten Geburtstag, entdeckte ich erstaunt Knospen. Der Kaktus wurde erneut zum blühenden Wunder.

Dieses Schauspiel wiederholte sich nun Jahr für Jahr;

zwar freute ich mich immer über die Blüten, doch kurz danach vergaß ich die Pflanze wieder.

Die Jahre vergingen, und der stumme Gast auf meiner Fensterbank wurde die meiste Zeit des Jahres entweder nicht beachtet oder sogar, zu meiner Schande muss ich es gestehen, schwer misshandelt! Nach der Blüte sah er durch die schlechte Pflege manchmal sehr kümmerlich aus; er wuchs nicht richtig – er wurde ja nicht einmal umgetopft; er sah schlapp und »blass« aus – wie lange hatte ich ihn nicht gegossen; dann wieder faulte ein Teil der Pflanze ab – ich hatte den Kaktus drei Wochen »zur Erholung« im kalten Frühlingsregen stehen lassen ... Einmal hatte ich ihn sogar gedankenlos in die fensterlose Abstellkammer gestellt, weil eine andere Pflanze mir wichtiger erschien. (Mein Mann hat ihm nach ein paar Tagen das Leben gerettet!)

Doch trotz all meiner »Anschläge« auf Leben und Gesundheit des bescheidenen Weihnachtskaktus' blühte er unverdrossen Jahr für Jahr regelmäßig pünktlich zu meinem Geburtstag!

Beschämt denke ich an eine Zeit zurück, in der ich Gott genauso unbeachtet »links liegen« ließ. Zwar nahm ich seinen Segen für mein Leben gern und wie selbstverständlich an, ansonsten jedoch beachtete ich ihn einfach nicht.

Stille im Kopf. Funkstille. Das Herz ist stumm. Die Seele schweigt.

Ich hörte viele Predigten, aber ich ließ das Wort Gottes nicht an mich heran. Ich gab sogar Gottes Wort weiter, aber an meiner eigenen Seele prallte es ab. Eine trostlose Zeit; leichtfertig und gedankenlos ließ ich die Beziehung zu ihm verkümmern, so wie ich die Pflanze dahinsiechen ließ. Doch Gott war unaufdringlich immer in meiner Nähe, wenn ich auch versuchte, seine Gegenwart zu ignorieren.

Da »sprach« eines Tages der stumme Weihnachtskaktus zu mir auf seine bescheidene Weise, öffnete still die Ohren meines Herzens, die Augen meiner Seele. Was für einen ausdauernden und beharrlichen, stillen Lehrmeister Gott mir da auf die Fensterbank gestellt hatte! Gott hat auf meine Umkehr gewartet, und er hat mir vergeben.

Meister Kaktus wurde einfach nicht beachtet, und still hielt er es aus.

Er bekam nicht die nötigen Nährstoffe, und still hielt er es aus.

Mein Kaktus wurde fast ertränkt, stand kurz vor dem Erfrieren, bekam noch nicht einmal Licht, und still hielt er alles aus. Immer wieder rappelte er sich zu einer neuen Blüte auf!

»Ich werde dich nicht aufgeben und dich nicht verlassen«

(Josua 1,5b), verspricht Gott, obwohl er mich und meine nachlässige Art kennt; und dieses Versprechen steht felsenfest. Mit dieser Verheißung kann ich jetzt auf meinem holprig gewordenen Lebensweg sicher vorwärtskommen. Er lässt mich nicht fallen, er verlässt mich nicht.

Die selbstverschuldete Zeit der Funkstille, der geistlichen Dürre, hat mir das ein für alle Mal klar gemacht.

P. S.: Mittlerweile pflege ich meinen Weihnachtskaktus durch die Hände meiner vielen fleißigen Helfer fast ehrfurchtsvoll. Er bekommt regelmäßig frische Erde, wird gedüngt und sorgfältig gegossen. An seinem sonnigen Platz auf der Fensterbank fühlt er sich offenbar wohl, und er hat mir meine vielen Misshandlungen großmütig vergeben. Zu meinem letzten Geburtstag erfreute er mich mit mehr als hundert Blüten. Doch die große Überraschung folgte erst einige Monate später: Ostern gab es tatsächlich erstmals ein zweites rosarotes Blütenmeer!

Kein Wunder?!

Von Zeit zu Zeit werde ich gefragt, ob ich nicht auf eine wunderbare Heilung hoffe, auf ein machtvolles Eingreifen Gottes warte. Solche Fragen setzen immer wieder ein inneres Kino bei mir in Gang. Ich sehe mich aufstehen, umhergehen, mich im Bett allein zudecken und umdrehen, allein essen und trinken, selbstständig waschen und anziehen – solche Selbstverständlichkeiten. Zu schön, um wahr zu sein?

Als ich vor einigen Jahren mitten in einem gesunden und aktiven Leben krank wurde, konnten die Gedanken es nicht fassen. Hätte mir jemand mein Leben mit den Auswirkungen der Krankheit beschrieben, wie ich es nun schon seit einigen Jahren führe, dann hätte ich voller Überzeugung gesagt: Das kann ich nicht aushalten. Das ertrage ich nicht! Und doch bin ich jetzt, gelähmt und künstlich beatmet, »wunschlos glücklich«. Wie kann das sein? Ich nenne es ein Wunder Gottes, ein Wunder der Gnade.

Schon so viele Wunder Gottes habe ich erlebt. Eine kleine Auswahl von Beispielen:

Mein Gesundheitszustand ist seit mehreren Jahren stabil, es scheint keine nennenswerte Verschlechterung zu geben – kein Wunder?! Die Funktionen Sprechen und Schlucken sind nach wie vor von der Krankheit nicht betroffen – kein Wunder?! Seit ich von meinem Atemgerät »abhängig« bin, gab es Stromausfälle im Nachbarort, sogar in unserer Straße, aber nicht bei mir – kein Wunder?! Wenn ich nun noch berichten wollte, wie viel konkrete Bewahrung ich in Gefahrensituationen erlebt habe, könnte ich mittlerweile wohl eine ganze Kiste damit füllen! Seltsam, dass uns Wunder oft so alltäglich erscheinen.

Die spektakulärsten aller Wunder in meinem Leben waren sicher die Geburten meiner Kinder. Entstanden im Verborgenen, lautlos herangewachsen, drängt ein Baby zum richtigen Zeitpunkt aus der Dunkelheit des Mutterleibes ins Licht. Der anstrengende, mühevolle Geburtsvorgang endet in überschäumender Freude. Ein völlig neuer Mensch, eine nie da gewesene Persönlichkeit, ein Individuum aus Gottes Schöpferhand ist zur Welt gekommen.

Ich staune darüber, dass Gott gerade meine schwächste Lebensphase dazu benutzt, um in meinem direkten Umfeld Wunder zu tun, nicht weniger spektakulär als eine natürliche Geburt. Als ich damals krank wurde, war eines meiner Gebetsanliegen, dass durch meine Krankheit Menschen zu Gott finden. Gott hat mein Gebet erhört!

Da ist z.B. meine Pflegekraft Dagmar. Wir haben uns vor drei Jahren kennengelernt, als sie ihre Arbeit bei mir begann. Zwölf Stunden am Tag (an durchschnittlich drei bis vier Tagen pro Woche) versorgt sie mich und ersetzt mir Hände und Füße. Das ist eine sehr intensive »Zusammenarbeit«. Sie ist in mein ganzes Leben miteinbezogen, auch in den persönlichsten Augenblicken. Über Monate hinweg entstand im Verborgenen in ihr eine Sehnsucht nach Gott. Sie begann Fragen zu stellen, nach Antworten zu suchen, zog sich vorsichtig wieder in die Stille zurück – fragte bald weiter. Langsam entfaltete sich in ihr die Liebe Gottes, seine Gnade, seine Vergebung. Und zum richtigen Zeitpunkt begann der anstrengende, mühevolle Vorgang der geistlichen Neugeburt. Was für eine Freude, als Dagmar ihr Leben völlig neu mit Gott beginnen und alle Lasten der Vergangenheit in Gottes Hand legen konnte! Ein Wunder Gottes!

Wenn ich mein Leben und meine Krankheit unter diesem Gesichtspunkt betrachte, wie viele und welche Wunder Gott schon in meinem direkten Lebensumfeld getan hat, kann ich nur noch staunend mit dem Psalmdichter beten: *»Keiner ist wie du, Herr, und nichts gleicht deinen Werken. Denn groß bist du und tust Wunder, du bist Gott, du allein«* (Psalm 86,8.10).

Wie kommt es nur, dass so viele Menschen unserer Zeit diese Wunder Gottes heute nicht mehr sehen können oder wollen? Sind wir vielleicht so verblendet von den scheinbar selbstverständlichen Wundern unseres Alltags, dass wir Gott darin nicht mehr wahrnehmen?

Forschen Sie nach den Wundern Gottes in Ihrem Alltag, und erzählen Sie davon! Die Welt braucht Gottes Wunder.

Mein Erlassjahr

Das klingt wirklich revolutionär: Der Grundbesitz muss wieder gerecht verteilt werden! Die Versklavung von Volksgenossen muss ein Ende haben! Überhöhte Zinsen für Kredite müssen abgeschafft werden! Gleichheit, Freiheit und Gerechtigkeit müssen die Grundpfeiler der Gesellschaft sein!

Was sich so kämpferisch anhört, ist kein radikales politisches Manifest, sondern Gottes Vorstellung eines friedlichen Zusammenlebens seines Volkes – nachzulesen in 3. Mose 25. Gott kennt die Menschen, und er weiß, wie sehr wir dazu neigen, seine guten Gebote und Ordnungen zu torpedieren. Daher gibt er die Anweisung, alle fünfzig Jahre ein sogenanntes *Erlassjahr* auszurufen und damit eine gründliche gesellschaftliche Kurskorrektur vorzunehmen. Aber letztlich geht es um mehr als irdische Gerechtigkeit.

»Zähl dir sieben Sabbatjahre ab, also sieben mal sieben Jahre, so dass insgesamt 49 Jahre vergangen sind« (3. Mose 25,8). Ich lese, stutze, lese noch einmal: *» Dieses 50. Jahr sollt ihr für heilig erklären«* (Vers 12). Auf einmal werden diese Gedanken einer scheinbar längst vergangenen Zeit höchst lebendig für mich. Vor Kurzem habe ich meinen 49. Geburtstag gefeiert. Dann ist dieses neue Lebensjahr, mein fünfzigstes, wohl mein ganz persönliches Erlassjahr?! Aber was hat das alles mit mir zu tun?

Meine Lebenssituation unterscheidet sich so grundlegend von dem, was hier beschrieben ist. Ich habe keine Sklaven freizulassen, keinen Grundbesitz wieder zurückzugeben. Ich bebaue kein Feld und keinen Weinberg, kann dementsprechend keine Flächen brachliegen lassen. Und trotzdem werde ich den Gedanken nicht los, dass Gott mir etwas sagen will.

Völlige Ruhe für das Ackerland war geboten für das 50. Jahr. Niemand durfte etwas aussäen. Dadurch wurde für alle handgreiflich deutlich, dass das Leben nur in der völligen Abhängigkeit von Gott funktioniert. Selbst wenn jemand seine persönliche Freiheit verloren hatte, konnte er im Erlassjahr noch einmal von vorn anfangen.

»Völlige Ruhe« habe ich auch, weit mehr als mir lieb ist. In allen Dingen des täglichen Lebens bin ich zur Untätigkeit »verurteilt«. Meine persönliche Freiheit scheint dadurch stark eingeschränkt zu sein, und das alles macht mir meine völlige Abhängigkeit von Gott immer wieder deutlich. Aber das Erlassjahr bedeutet Befreiung – auch für mich?

Ja, Gott hat mich freigelassen aus der Sklaverei; doch damit ist nicht die Befreiung von körperlichen Fesseln gemeint. Oft genug bin ich so kurzsichtig, das Leben auf dieser Erde nur unter dem Gesichtspunkt meines irdischen Wohlergehens zu betrachten. Aber ist das alles? Gott hat einen weitaus höheren Horizont. Er sieht das Leben seiner Menschen aus einer ewigen Perspektive. Und da ist die gesundheitliche, politische oder wirtschaftliche Situation eindeutig zweitrangig.

Das Erlassjahr, diese radikale Erfindung Gottes, deutet weit über die irdische Gerechtigkeit hinaus. »Alles hat er mir erlassen!«, jubelt ein bekanntes Lied und spricht dabei von Schuld und Sünde. Und so wie im biblischen Erlassjahr die Aufgabe der Bauern darin bestand, *nichts* zu tun und auf Gottes Handeln zu vertrauen, so müssen wir handlungsbetonten Menschen des 21. Jahrhunderts lernen, dass auch wir nichts tun können und die Gnade und

Vergebung unseres Gottes als Geschenk annehmen dürfen. Und glauben Sie nur nicht, den Bauern zur Zeit des Alten Testaments sei es leicht gefallen, die Hände in den Schoß zu legen und sich die Ernte schenken zu lassen! Ich kann gut nachfühlen, wie schwer erzwungene Passivität ist!

In einigen Bibelübersetzungen wird das Erlassjahr auch *Jobel-* oder *Jubeljahr* genannt. Das ist abgeleitet von dem ursprünglichen hebräischen Begriff *schenat ha jobel*, wörtlich *Jahr der Hörner*. Damit waren die Widderhörner gemeint, die zum Beginn des Erlassjahres ertönten. Und wirklich: Wenn das kein Grund zum Jubel ist! Seit meinem 49. Geburtstag steht mir das Geschenk der Vergebung durch meinen Herrn so deutlich wie nie vor Augen. Mein ganz persönliches Erlassjahr ist daher auch das Jahr meines jubelnden Dankes an meinen Erlöser!

Für einen Christen ist nicht nur das 50. Lebensjahr ein Jubeljahr. Eigentlich müssten wir fortwährend jubeln, denn durch Jesus Christus hat Gott uns alle Schuld und Sünde erlassen und uns ewiges Leben in seiner Herrlichkeit geschenkt. Das gilt für jeden, der an Jesus Christus glaubt.

Haben Sie auch Grund zu jubeln?

Wer soll das bezahlen?

Krank sein ist ein teurer »Spaß«. Wie viel zig-tausende Euro hat allein meine Krankheit in den vergangenen Jahren gekostet! Arztbesuche, Medikamente, Krankenhausaufenthalte, Physiotherapie, technische Hilfsmittel wie Rollstuhl und Beatmungsgerät ... das alles kostet Geld, sehr viel Geld. Aber ich muss nicht selbst für diese immensen Kosten aufkommen, meine Krankenkasse bezahlt alles, was ich brauche. Für mich bleibt nur eine geringe, quasi symbolische Zuzahlung: ein Elektro-Rollstuhl im Wert eines neuen Kleinwagens für 10 Euro!

Den Ausbruch meiner Krankheit konnte ich nicht verhindern, ich musste mich damit abfinden. Auch die Kosten, die dadurch verursacht werden, habe ich nicht selbst verschuldet. Da ich also nicht selbst dafür verantwortlich bin, ist es nur gerecht, dass jemand anders, in diesem Fall die Krankenkasse, für mich bezahlt. Dafür zahlt man seine Beiträge, und dafür ist sie schließlich da, oder?

Ich kann nichts dafür, dass mein Körper krank ist. Aber für den Zustand von Geist und Seele bin ich sehr wohl verantwortlich. Meine Sünde ist ein teurer »Spaß«. Was hat mein Leben auf eigene Faust bis jetzt Gott gekostet?! Der Versuch, eigene Maßstäbe statt Gottes Richtschnur zu benutzen, bewusster Ungehorsam gegen seine deutlichen Vorgaben, Gedankenlosigkeit und Bequemlichkeit ... das alles kostete Jesus das Leben, als er an meiner Stelle am Kreuz qualvoll starb.

Ich musste also nicht selbst für meine Schuld aufkommen, mein Jesus bezahlte alles für mich mit seinem Tod.

Und meine »Zuzahlung«? Noch nicht einmal symbolisch kann ich etwas dazugeben; die Vergebung meiner Sünden und das ewige Leben sind Geschenke der Gnade Gottes. Obwohl ich alles selbst verschuldet habe, zieht Gott mich nicht zur Rechenschaft. Er bezahlt einfach für mich, denn er weiß, dass die Kosten zu hoch für mich sind. Niemals könnte ich sie allein tragen.

Ich kann nicht ermessen, nur erahnen, was es Jesus

gekostet hat, für mich zu sterben. Fest steht nur, dass ich es nicht verdient habe!

Ich sitze in meinem Rollstuhl, angeschlossen an mein Beatmungsgerät und überlege, wie ich Gott meine Dankbarkeit zeigen kann.

Ich kann meinen Mitmenschen von meinen Erfahrungen mit Gott erzählen.

Ich kann ihm die Gaben und Fähigkeiten zur Verfügung stellen, über die ich noch verfüge.

Und schließlich kann ich ihm auch meine Finanzen überlassen. Warum eigentlich nicht? Wenn ich bei ihm im Himmel angekommen bin, dann brauche ich schließlich kein Geld mehr!

Jesus hatte viele Predigtthemen, eins davon war *Geld.* Jeder braucht es, die meisten Menschen haben mehr oder weniger davon – manche erschreckend viel, viele erschütternd wenig. In der Bibel finde ich zahlreiche Hinweise, wie ich mit meinem Geld zu Gottes Ehre umgehen soll. Vor Gott allerdings ist die Höhe meines irdischen Bankkontos völlig unwichtig. Denn für jedes seiner Kinder hat er schon bei der geistlichen Neugeburt ein himmlisches Bankkonto eröffnet!

»Sammelt euch keine Reichtümer hier auf der Erde, wo Motten und Rost sie zerfressen oder Diebe einbrechen und

stehlen. Sammelt euch lieber Schätze im Himmel, wo sie weder von Motten noch von Rost zerfressen werden können und auch vor Dieben sicher sind. Denn wo dein Schatz ist, da wird auch dein Herz sein« (Matthäus 6,19-21 NeÜ).

Schätze im Himmel? Was soll das denn sein?

»Geld regiert die Welt«, aber nicht den Himmel! Anscheinend gibt es unterschiedliche Währungen für zwei völlig verschiedene Bankkonten. In allen irdischen Banken kann man seinen Besitz in Euro oder Dollar, Franken oder Rubel anlegen. Aber jeder weiß, dass es eine wirklich krisensichere Geldanlage auf der Erde nicht gibt. Das ist bei unserem himmlischen Bankkonto grundsätzlich anders. Die himmlische Währung, die *»Schätze im Himmel«*, verliert nie an Wert! Auf diesem Konto legt Gott selbst alles das an, was aus Dankbarkeit für ihn getan wird. Werke der Nächstenliebe, missionarischer Einsatz, durchaus auch finanzielle Spenden.

Wie sieht Ihr himmlisches Bankkonto aus?

Das Streben nach Glück

Kennen Sie einen Menschen, der nicht glücklich sein will? Die Suche nach Liebe, persönlicher Freiheit, einem sinnerfüllten Leben ist in der Seele des Menschen tief verwurzelt. Das Streben nach Glück ist als unveräußerliches Recht sogar zusammen mit dem Recht auf Leben und Freiheit in der Unabhängigkeitserklärung der USA von 1776 verankert!

Die meisten Menschen kennen Momente voller Glück. Ein Beispiel?

Dagmar, meine Pflegekraft, Freundin und gläubige Christin hatte Geburtstag. Wie an jedem anderen Tag kam sie morgens zur Arbeit zu mir und wurde mit einem Geburtstagsfrühstück, Kerzen, Geschenken und Liedern überrascht. Sie strahlte vor Glück! Sie wusste allerdings nicht, dass ich in aller Heimlichkeit ein Dutzend gemeinsamer Freundinnen für den Nachmittag eingeladen hatte ... und sie erwartete einen ganz normalen Arbeitstag. Als die ersten Gäste eintrafen, hielt sie es noch für Zufall. Erst als immer mehr kamen, Kaffee und Kuchen mitbrachten und sie mit liebevoll ausgesuchten Geschenken überraschten, da ging ihr auf: Das ist eine Überraschungsparty für mich! Es war ein wunderschöner Nachmittag. Es wurde viel erzählt, gelacht und gesungen, und eine kleine Andacht machte allen wieder ganz bewusst, dass Gott uns liebt und nur das Beste für uns im Sinn hat. Dagmar selbst war vor lauter Glück ganz benommen!

Aber was ist eigentlich Glück? Die Biologie gibt eine sehr nüchterne Antwort darauf. Wissenschaftler verweisen auf die biologischen Grundlagen von Glücksgefühlen, die durch sogenannte Glückshormone ausgelöst werden; körpereigene Substanzen wie *Endorphine* und *Serotonin* haben demnach einen bedeutenden Einfluss auf Glücksempfindungen. Ist dann also die Freude am Dasein nichts anderes als die Funktion einiger chemischer Stoffe im Kopf? Nein, ebenso wie die gesamte menschliche Seele nicht fassbar und nicht messbar ist, sind auch menschliche Gefühle nicht allein mit Chemie zu erklären. Das Glück eines Menschen ist nicht bloß abhängig von seinen

Hormonen, ebenso wenig wie Glück an äußeren Umständen festzumachen ist.

Die biblische Antwort auf die Frage nach dem Glück liegt ganz woanders: *»Glücklich ist der Mensch, der auf dich vertraut!«* (Psalm 84,13), jubelt der Psalmdichter im Alten Testament. Und im Matthäus-Evangelium findet man im Kapitel 5 eine ganze Reihe von »Seligpreisungen«, z.B.: *»Glückselig, die reinen Herzens sind, denn sie werden Gott schauen«* (Matthäus 5,8).

Glück ist auch in der Bibel ein erstrebenswertes Ziel; Glück ist mehr als bloße Zufriedenheit. Und die biblische Bedeutung von Glück geht noch weit über das irdische Leben hinaus. Der griechische Begriff *makarios*, der in deutschen Bibelübersetzung mit »glücklich, glückselig, selig« wiedergegeben wird, bezeichnet einen Zustand der völligen Zufriedenheit, unabhängig von den jeweiligen Lebensumständen. Glücklich oder glückselig ist demnach der Mensch, der zu Gott gehört, der sein Leben bewusst dem Herrn ausgeliefert hat, dessen Ziel und Lebenssinn sich nicht auf diese Erde beschränkt, sondern bis in den Himmel hineinreicht. Das macht unabhängig von Äußerlichkeiten.

Welch ein Glück, zu Gott zu gehören – nicht abhängig zu sein von Besitz, Freiheit, Gesundheit. Unsere geistlichen Geschwister, z.B. die Christen auf Papua-Neuguinea oder in der Mongolei, besitzen nichts von alledem, was wir zu brauchen meinen, doch sie erleben das Glück, alle materiellen Sorgen in die guten Hände Gottes legen zu können, und ER sorgt für sie. Unsere geistlichen Geschwister z.B. in Nordkorea oder in der islamischen Welt wagen nicht einmal, von der Freiheit zu träumen, die wir für selbstverständlich halten. Doch sie erleben das Glück, trotz aller Bedrohung in Geist und Wahrheit Gott anbeten zu können, und ER ist ihnen ganz nah. Viele Menschen erleiden so wie ich den Verlust der körperlichen Gesundheit. Doch gerade durch Krankheit kann man das Glück erfahren, in den Armen Gottes geborgen zu sein.

Was für ein Glück!

Die Probe aufs Exempel

Ich habe in der Schule Gottes wohl mal wieder nicht richtig aufgepasst und brauche Nachhilfeunterricht. In der Theorie habe ich durchaus verstanden, dass die Bibel eine Gebrauchsanweisung für mein Leben ist, dass Gott damit in meine Lebenssituation hinein spricht, dass ich seinen Verheißungen absolut trauen kann. Aber in der praktischen Prüfung bin ich glatt durchgefallen. Gott hat mir ein konkretes Prüfungsthema gegeben: Umgang mit der Angst.

Vielleicht war es ja ganz ähnlich wie bei Hiob: »Wenn Irmgard zum zweiten Mal stürzt, dann wird sie das Vertrauen zu dir verlieren!« – »Mit göttlicher Erlaubnis darfst du sie noch einmal stürzen lassen. Doch ich fange sie auf!«

Bisher hatte ich in meinem Leben nur selten damit zu tun, doch seit Neuestem ist die Angst mein ständiger Begleiter. Seitdem ich kürzlich zum zweiten Mal auf unerklärliche Weise mit meinem Lifter abgestürzt bin (siehe »Bilanz« S. 65) - und auch dieses Mal unfassbare Bewahrung erlebt habe –, macht sich unbemerkt neben den Schmerzen in der Hüfte ein ganz neues Gefühl in mir breit: immer wieder Angst. Angst vor einem weiteren Sturz, Angst vor einem Defekt an meinem Beatmungsgerät, Angst vor einer Panne an meinem Rollstuhl-Aufzug, sogar Angst vor dem Autofahren ... Plötzlich fürchte ich mich immerzu. Und ständig bete ich voller Panik um Bewahrung, was im Übrigen an sich gar keine schlechte Angewohnheit ist! Aber nun frage ich Gott, wie ich mit dieser Angst umgehen kann, wie ich mit ihr leben kann.

Endlich erinnere ich mich an meine Erfahrungen mit dem Wort Gottes. Ich muss »einfach« die Probe aufs Exempel machen. Gott wird zu mir sprechen, wenn ich bereit bin, auf ihn zu hören! Ich suche nach dem Begriff *Angst* in der Bibel; und *selbstverständlich* erlebe ich es aufs Neue, dass das Wort Gottes ganz konkret in mein Leben hinein spricht.

»Ich suchte den HERRN, und er antwortete mir; und aus allen meinen Ängsten rettete er mich« (Psalm 34,5).

»Fürchte dich nicht, denn ich bin mit dir! Habe keine Angst, denn ich bin dein Gott! Ich stärke dich, ja, ich helfe dir, ja, ich halte dich mit der Rechten meiner Gerechtigkeit« (Jesaja 41,10).

Und der Knüller kam dann letzten Sonntag. Der Predigttext lautete: *»Habe ich dir nicht geboten: Sei stark und mutig? Erschrick nicht und fürchte dich nicht! Denn mit dir ist der HERR, dein Gott, wo immer du gehst«* (Josua 1,9).

Ja, Herr, danke. Jetzt habe selbst ich es wohl kapiert, betete ich.

Am selben Abend ging mein Rollstuhl-Aufzug kaputt. Damit war ich »gefangen« im Wohnzimmer, konnte weder Schlafzimmer noch Badezimmer erreichen, musste mehr schlecht als recht im Sessel übernachten ... Meine Angst steigerte sich mehr und mehr. Wenn das nun noch einmal passiert, und ich im Aufzug gefangen sitze? Wenn der Aufzug nun abstürzt?

Am nächsten Tag kam der Monteur und suchte nach dem Fehler. Suchte und suchte. Was konnte ich anderes tun, als hilflos zusehen? Nach einer Stunde erst fiel es mir ein, dass ich beten kann! Ich klammerte mich an Gottes Zusage in der Bibel, dass er bei mir ist, dass er mir hilft – und ich flehte ihn um Hilfe an. *»Ich suchte den HERRN, und er antwortete mir.«* Kaum hatte ich zu Ende gebetet, hatte der Monteur den Fehler gefunden.

Den körperlichen Symptomen meiner Angst bin ich nach wie vor ausgeliefert. Doch jedes Mal, wenn mich im Alltag die ängstliche Anspannung erfasst, springt ein Bibelvers in meine Gedanken, und Gott spricht zu mir. *»Fürchte dich nicht, denn ich bin bei dir!«* Ich spüre die Gegenwart Gottes durch meine Angst hindurch. *»Habe keine Angst, denn ich bin dein Gott!«* Wenn der Schöpfer des Universums, der Herr aller Herren, der allmächtige und ewige Gott mir durch die Worte der Bibel seine Gegenwart verspricht, dann zerreißt er den Schleier meiner kindlichen Angst. Er stärkt mich, er hilft mir. Er hält mich in seiner Hand. Und ich weiß sicher, dass er mich nie loslässt!

Spiegelbild

Fünf Jahre ist es her. Mein körperlicher Zustand war schon so, wie er bis heute ist – gelähmt und viele Stunden am Tag angewiesen auf künstliche Beatmung. Doch im Unterschied zu heute hatte ich nur eine Haushaltshilfe, die um 15.00 Uhr Feierabend hatte, also keine umfassende und durchgehende Betreuung durch Pflegekräfte.

Nach dem Mittagessen setzte mich die Haushaltshilfe in meinen Ruhesessel, und ich musste dort zwangsläufig sitzen bleiben, als wäre ich angebunden.

Im Winter fiel es mir nicht so schwer, denn trübe Wolken, Regen und Schnee lockten mich nicht nach draußen. Ich genoss es, viele Stunden lang in meinem Sessel zu lesen. Aber dann wurde es Frühling. Blauer Himmel und Sonnenschein ließen das erste Grün hervorsprießen. Die Welt vor meiner Terrassentür sah so neu und blank aus. Doch aus meinem Blickwinkel konnte ich nicht viel davon erkennen. Links von mir sah ich, wenn ich den Kopf angestrengt drehte, durch die Scheibe einen kleinen Ausschnitt des Frühlingsgartens. Dafür blickte ich geradeaus ständig auf den Bücherschrank.

Eines Tages im März fiel es mir zum ersten Mal auf, dass sich in den schmalen Glastüren meines Bücherschranks der Frühling spiegelte! Gespannt beobachtete ich nun Tag für Tag die Veränderungen. Die ersten Knospen des großen Kirschbaums draußen waren kaum zu erkennen, aber bald waren sie so prall, dass ich sie auch im Spiegelbild deutlich sehen konnte. Zwei oder drei Sonnentage später bemerkte ich in dem kleinen gespiegelten Ausschnitt der großen Welt da draußen die ersten zarten Kirschblüten. Schon bald stand der Baum in voller Blüte, und die wenigen Zweige, die ich in den Glastüren sehen konnte, schienen mir freundlich zuzuwinken, wenn der Wind mit ihnen spielte. Kurze Zeit später erschienen die ersten grünen Blättchen, und von Tag zu Tag näherte sich der Sommer.

So faszinierend meine Beobachtungen im Spiegelbild auch waren, die Sehnsucht nach dem »wahren Leben« draußen konnten sie nicht stillen. Ich sehnte mich immer mehr nach der Wärme, dem Sonnenlicht, den Geräuschen und Düften des Sommers.

Diese Zeit der »Gefangenschaft« in meinem Sessel ist nun schon seit mehreren Jahren nur noch Erinnerung. Durch die ständige Anwesenheit einer Pflegekraft kann ich bei schönem Wetter auch meine Nachmittage nach Belieben inmitten der wunderbaren Schöpfung Gottes verbringen.

Paulus schreibt an die junge Gemeinde in Korinth: *»Jetzt sehen wir wie in einem blank polierten Stück Metall nur rätselhafte Umrisse, dann aber werden wir alles direkt zu Gesicht bekommen. Jetzt erkenne ich nur Teile des Ganzen, dann werde ich alles erkennen, wie auch ich völlig erkannt worden bin«* (1. Korinther 13,12 NeÜ). Ich kann mir bestens vorstellen, wie man alles *»wie in einem blankpolierten Stück Metall nur rätselhafte Umrisse«* wahrnehmen kann – ich habe es ja erlebt. Es ist nur ein Vorgeschmack, eine Ahnung, die von der Wirklichkeit weit übertroffen wird.

Ganz ähnlich empfinde ich es, wenn ich an den Himmel denke. Es vergeht kaum ein Tag ohne Sehnsucht nach meiner ewigen Heimat. Immer wieder lese ich begeistert die vielen Stellen in der Bibel, die wie ein Spiegelbild beschreiben, wie das Leben bei Gott aussehen wird, zum Beispiel: *»Jetzt ist Gottes Wohnung bei den Menschen. Unter* *ihnen wird er wohnen, und sie werden alle sein Volk sein. Gott selbst wird als ihr Gott bei ihnen sein. Jede Träne wird er von ihren Augen wischen. Es wird keinen Tod mehr geben und auch keine Traurigkeit, keine Klage, keinen Schmerz. Was früher war, ist für immer vorbei«* (Offenbarung 21,3-4 NeÜ).

Seit einiger Zeit stelle ich fest, dass meine Perspektive sich dabei im Lauf der Zeit langsam aber sicher verschoben hat. Zuerst war mir wichtig, dass Gott alle meine Tränen abwischen wird, dass es keine Schmerzen und kein Leid mehr geben wird. Doch inzwischen ist ein anderer Aspekt des Himmels für mich zum wertvollsten Gesichtspunkt der Vorfreude geworden. Gott wird bei seinen Kindern wohnen, Gott wird immer bei uns sein.

Ich freue mich so auf meinen himmlischen Vater!

Alles, was ich habe ...

Samstagmittag in der Innenstadt. Menschen, überall Menschen, die bummeln, hasten, schauen, kaufen oder im Straßencafé sitzen und alles beobachten. Ich suche mit meinem Elektrorollstuhl einen Weg durch die Menge. Viele Menschen, die mir entgegenkommen, stutzen und schauen beschämt zur Seite. Ich weiß, ich bin ein ungewohnter Anblick, vor allem durch die auffällige Atemmaske. Da bemerke ich einen kleinen Jungen, der mir an der Hand seines Vaters entgegenkommt. Mit offenem Mund schaut er mich an, dann ruft er laut: »Guck mal, Papa, die arme Frau!«

Der Kleine hat unbefangen ausgesprochen, was viele insgeheim denken: Wie arm und bedauernswert muss ich wohl sein, gezeichnet durch schwere Krankheit.

Bin ich wirklich *arm*? Trotz Krankheit empfinde ich mich selbst als reich beschenkt durch die Liebe Gottes!

Mit einem Augenzwinkern erklärte mir meine Tochter Anela neulich, was sie im Studium gelernt hatte. Nach der offiziellen Armutsdefinition in Deutschland zählt sie (wie ein Großteil ihrer Studienkollegen) zu den Menschen, die unter dem Existenzminimum leben müssen. Mit einem sehr geringen Einkommen und ohne Waschmaschine, Staubsauger, Fernseher, Auto ... Ist sie wirklich *arm*? Nein, auch Anela empfindet ihre Situation nicht als bedrückend. Da hat sie schon ganz anderes gesehen.

Zwei Jahre lang hatte Anela in der Mongolei gelebt, in einer kleinen, für deutsche Ansprüche sehr einfachen Mietwohnung, häufig fiel die Wasser- und Stromversorgung aus. Doch das gehörte ganz einfach zum Alltag. Und ihr Lebensstandard lag damit noch weit über dem Durchschnitt. Viele mongolische Freunde von Anela führen da eher ein Leben wie der Durchschnitt der Menschen in Ulaanbataar, der Hauptstadt der Mongolei, z.B. Dsoloo. Sie ist ausgebildete Lehrerin und unterrichtet Ausländer, die die mongolische Sprache lernen möchten. Zusammen mit ihrem dreijährigen Sohn lebt sie mit ihren Eltern sowie mit ihrer Schwester und deren vierköpfiger Familie auf einem bescheidenen Grundstück im Jurtenviertel der

Stadt in zwei beengten Steinhäuschen mit jeweils drei winzigen Zimmern ohne Strom, ohne Wasseranschluss. In einem der Zimmerchen betreibt Dsoloos Schwester einen kleinen Laden. Die Großfamilie ist zufrieden – sie alle müssen sich einschränken, aber sie müssen nicht hungern.

Bin ich arm, oder bin ich zufrieden? Oft genug ist dies, zumindest bei uns im reichen Westen, eine Frage meiner eigenen Ansprüche, und das gilt sowohl für mein körperliches Wohlergehen als auch für meine materiellen Bedürfnisse. Wenn ich mich dabei an Jesus orientiere, dann bleibt kein Platz für Selbstmitleid: *»Ihr kennt ja die Gnadentat unseres Herrn Jesus Christus: Er, der reich war, wurde bettelarm für euch, damit ihr durch seine Armut reich würdet«* (2. Korinther 8,9 NeÜ).

Aber wir wollen die Augen nicht verschließen vor der existenziellen, lebensbedrohenden Armut vieler Menschen in dieser Welt. Jakobus ermahnt ausnahmslos alle Christen: *»Stellt euch vor, jemand von euren Brüdern oder Schwestern hat nicht genug anzuziehen und zu essen. Und dann sagt einer von euch zu ihnen: ›Lasst es euch gut gehen! Hoffentlich könnt ihr euch warm anziehen und habt genug zu essen!‹, aber er gibt ihnen nicht, was sie zum Leben brauchen. Was nützt ihnen das?«* (Jakobus 2,15-16 NeÜ). Das ist ein klarer Auftrag, oder?

Wirklich bedauernswert jedoch sind Menschen, die ein innerlich armes Leben, ein Leben ohne Gott führen. Wie viele unserer Zeitgenossen sind blind für die eigene Armut ohne Gott – sowohl im »reichen« Europa als auch in der »armen« Mongolei und überall auf der Welt! Das ist die wahre Armut, die der Welt zu schaffen macht, denn diese »geistliche Armut« führt zur ewigen Trennung von Gott! Jesus spricht es deutlich an: *»Du sagst: ›Ich bin reich und wohl versorgt; mir fehlt nichts. Aber du weißt nicht, wie erbärmlich und jämmerlich du dran bist: arm, nackt und blind«* (Offb 3,17 NeÜ). Auch hier sind Christen gefragt, die den Reichtum in Jesus Christus gefunden haben: Wir wollen die gute Botschaft der Erlösung begeistert weitersagen!

Das Beste miteinander teilen

Kürzlich bekam ich ganz besonders edle Pralinen geschenkt, handgemachte raffinierte Einzelstücke. Eine ganze Weile standen sie in der Vitrine, und ich staunte sie nur voller Vorfreude an. Als dann meine Freundin zu Besuch kam, war der große Augenblick gekommen. Die Pralinen wurden aus dem Schrank geholt und sorgfältig einzeln begutachtet. Schließlich wählte jede von uns eine der köstlichen Kostbarkeiten aus, und meine Freundin schob mir den Schokoladentraum in den Mund. »Das ist das Beste, was meine Geschmacksknospen je bekommen haben!«, schwärmte meine Freundin, und das war auch mein Eindruck. Ich freute mich, dass wir das Beste miteinander teilen konnten.

»Denn er hat seinen Engeln befohlen über dir, dass sie dich

behüten auf allen deinen Wegen ...« Diese Worte aus Psalm 91, wunderbar vertont von dem genialen Komponisten Felix Mendelssohn Bartholdy, schweben durch den barocken Kirchenraum. Ich bin ganz eingehüllt von den Bibeltexten und den herrlichen Harmonien des Oratoriums *Elias*, das Klangerlebnis bewirkt bei mir eine ehrfürchtige Gänsehaut. Mein Mann sitzt neben mir, und ich fühle den Impuls, in diesen wunderbaren Momenten seine Hand zu nehmen, um die Schönheit der Musik noch besser mit ihm teilen zu können. Das Schönste miteinander zu teilen, empfinde ich als wertvolle Erfahrung.

Ist es nicht völlig natürlich, das Beste und Schönste im Leben miteinander teilen zu wollen? Und das Wertvollste in dieser Welt und in der kommenden Herrlichkeit, das Geschenk des ewigen Lebens in Jesus Christus, miteinander zu teilen, das ist ein besonders bewegendes Erlebnis.

Vor einiger Zeit bekam ich eine verzweifelte E-Mail von Susanne, das ist Brigittes Tochter. Sie bat um Gebetsunterstützung für ihre Mutter, die aus heiterem Himmel mit der Diagnose Krebs konfrontiert war. Ich nahm Kontakt zu Brigitte auf. Nur eine kleine Karte zum Mutmachen und um auf unseren wunderbaren Herrn Jesus Christus hinzuweisen. Brigitte war in der DDR aufgewachsen, hatte von Gott und Glauben einfach keine Ahnung und sich bisher auch nie dafür interessiert. Als ihre Tochter sich während des Studiums bekehrt hatte, konnte Brigitte damit gar nichts anfangen. Aber jetzt war die Situation auf einmal anders. Die Krankheit bedrohte unmittelbar ihr Leben. Und Brigitte öffnete sich, begann zu fragen. Sie las meine Briefe, erfuhr von meiner Krankheitsgeschichte und begann zu begreifen, wer Jesus Christus ist, was er auch für *sie* getan hatte, wie sehr er auch *sie* liebte. Brigitte fühlte sich in ihrer Krankheitssituation verstanden. Dann begann sie selbst in der Bibel zu lesen. Einige Monate später vertraute sich Brigitte Jesus Christus an.

Sie lebte trotz äußerst schlechter Prognose der Ärzte noch drei Jahre mit ihrer Krebserkrankung, doch es ging ihr körperlich sehr schlecht. Wir standen weiterhin regelmäßig in Briefkontakt miteinander. Trotz ihrer Krankheit, ihrer heftigen Schmerzen und der unmittelbaren Bedrohung durch den Tod war sie nicht mehr verzweifelt wie zu Beginn ihrer Krankheit, sondern ein gelassenes Gotteskind – was für ein Wunder! Vor einigen Monaten ist sie gestorben, und sie ging in dem Bewusstsein, dass das ewige Leben in der Herrlichkeit Gottes auf sie wartet.

Und nun ist es ihr Witwer, der sich durch Brigittes Vorbild, ihr Vertrauen zu Gott, langsam an den Glauben herantastet.

Das Evangelium von der Erlösung durch Jesus den Menschen in meiner Umgebung mitteilen, die Frohe Botschaft miteinander teilen, das ist meine Mission als Christ. (Das Wort *Mission* kommt aus dem Lateinischen und bedeutet *Sendung.*)

Ganz persönlich packte mich das Wort Gottes heute Morgen, als ich las: *»Ich hörte die Stimme des Herrn, wie er sprach: Wen soll ich senden? Wer will unser Bote sein? Ich aber sprach: Hier bin ich, sende mich!«* (Jesaja 6,8).

Ich kann nicht mehr *»hingehen in alle Welt«*, aber Gott sendet mich trotzdem! Meine Mission, meine Sendung, bedeutet: In meiner Umgebung und mit meinem Leben kann ich auf Jesus Christus hinweisen. Gott schickt mir Menschen mit ihren Fragen direkt ins Haus! Und für weitere Entfernungen gibt es schließlich Briefe, E-Mails, Telefon ... Es gibt unendlich viele Wege, das Beste miteinander zu teilen! Zur Erfüllung dieser »Mission« braucht man nur ein kleines bisschen Kreativität und ein Herz, das von der übersprudelnden Liebe Gottes erfüllt ist.

Und wie lautet die Mission Gottes für Sie?

Luft und Liebe

Ein ruhiger Winterabend klingt aus. Die Kerzen sind schon ausgebrannt, und es wird Zeit, zu Bett zu gehen. Wie üblich habe ich die letzten Stunden des Tages halb liegend in meinem Ruhesessel verbracht. Nun steht uns ein letzter Kraftakt bevor. Einige technische Hilfsmittel und viele Handgriffe meines Mannes sind nötig, um mich in einer ausgeklügelten Prozedur innerhalb einer knappen Stunde ins Bett zu befördern. Mein Mann legt noch eine CD auf – mit Musik gelingt die harte Arbeit am Ende eines langen Tages doch leichter! Dann schaltet er die helle Deckenbeleuchtung ein. Im selben Augenblick zerplatzt die Glühbirne mit einem lauten Knall, es wird plötzlich stockdunkel und auf unheimliche Weise still: Durch die zersprungene Glühbirne ist die Sicherung durchgebrannt. Die Stromversorgung im Haus ist mit einem Mal ausgefallen.

Panik überkommt mich. Dunkelheit und Stille sind nicht weiter beängstigend, doch durch den Stromausfall funktioniert auch mein Atemgerät nicht mehr. Zwar habe ich natürlich die Maske noch auf der Nase, doch die Luftzufuhr ist unterbrochen, und ich fühle mich, als hätte jemand ein dickes Kissen auf mein Gesicht und ein Zentner schweres Gewicht auf meinen Brustkorb gelegt. Ich ringe nach Luft, doch die Atemmuskulatur ist zu schwach; nur wenig Sauerstoff gelangt in meine Lungen. Selbstständig atmen kann ich nur noch in einer ganz aufrechten Sitzposition, und auch so nur für begrenzte Zeit.

Mein Mann reagiert schnell. Dennoch dauert es eine Weile, bis er sich im dunklen Raum orientiert und die für solche Fälle bereitliegende Taschenlampe gefunden hat. Nun muss laut »Notfallplan« mein Elektro-Rollstuhl hinter den Sessel gefahren werden, damit man den Stecker des Atemgeräts an die Batterie des Rollstuhls anschließen kann. Jede Sekunde scheint mir lang wie ein ganzer Tag. Dann endlich fließt der Strom wieder, Luft wird durch das Atemgerät in meine Lungen gedrückt, allmählich weicht die Anspannung. Der ganze Vorfall dauerte zwanzig, vielleicht dreißig Sekunden, doch es ist wieder einmal mehr als deutlich geworden, wie wesentlich das Atmen zum normalen menschlichen Leben einfach dazugehört, wie zerbrechlich der Organismus ist, wenn der Sauerstoff fehlt.

»Leben und Wohltat hast du an mir getan, und deine Obhut hat meinen Odem bewahrt« (Hiob 10,12 LÜ), erkennt Hiob, und ich kann dieser Aussage nur aus vollem Herzen und in einem ganz wörtlichen, existenziellen Sinn zustimmen. Der Herr bewahrt tatsächlich schon seit Jahren meinen *»Odem«*, meine Atmung. Doch dieser Vers lässt mich auch viel tiefer schauen. Die meisten Bibelausgaben übersetzen die Bibelstelle anders: *»Leben und Gnade hast du mir gewährt, und deine Obhut bewahrte meinen Geist«* (Elberfelder Übersetzung). Wie kommt dieser Unterschied zustande? Das hebräische Wort *ruach*, das der Grundtext der Bibel hier verwendet, hat drei Bedeutungen: Es kann *Wind* oder *Luft* bezeichnen, den *Atem* eines Lebewesens oder auch den *Geist Gottes*.

Ein anderes Bild entsteht in meinem Kopf: Gott hatte Adam erschaffen *»und hauchte in seine Nase Atem des Lebens; so wurde der Mensch eine lebende Seele«* (1. Mose 2,7). Der Atem Gottes in meinem Leben bewirkt, dass ich lebendig bin – und zwar ganz praktisch durch die Sauerstoffzufuhr für meinem Körper, aber viel weitreichender noch durch das Geschenk des Geistes!

Luft ist überall um uns herum. Wenn es nicht gerade stürmt, hört und sieht man nichts davon. Doch jedes Geschöpf Gottes muss diese Umgebungsluft aktiv, nämlich durch Ein- und Ausatmen, in den Körper hineinbringen. Ist die Muskulatur zu schwach für den Atemvorgang (so wie bei mir durch meine Erkrankung), gerät der Organismus in Luftnot, obwohl eigentlich genügend Atemluft zur Verfügung stünde. Ich brauche mich dennoch nicht zu sorgen: Mein Atemgerät pumpt die Umgebungsluft mit Druck in meine Lungen.

Ist es nicht bei vielen Mitmenschen in geistlicher Hinsicht oft genauso? Der Geist Gottes, das pralle Leben, ist überall um uns herum. Er bietet uns »Luft und Liebe« im Überfluss an. Doch zahlreiche Menschen haben in dieser Hinsicht »Wahrnehmungsstörungen«. Und manchen scheint außerdem die Kraft zum »Atmen der Seele« zu fehlen; ihr Leben bleibt leer. Als Christen können wir solchen Menschen als wirklich lebensrettende Maßnahme »Atemhilfe« anbieten!

Zu spät

Ich stehe mit meinem Elektro-Rollstuhl auf halber Höhe der Dünen, wo der befestigte Weg sich gabelt. Rechts führt der Pfad weiter an der Küste entlang durch die Dünen, links geht es recht steil bis zum Strand hinunter – zu steil und sandig für mich und mein Gefährt. Ich genieße das Rauschen der Wellen und beobachte einige Lenkdrachen, die scheinbar den Möwen Konkurrenz machen. Ein einzelner roter Drachen steht träge hoch in der Luft. Keiner beachtet ihn, die Schnur ist an einem Strandhäuschen befestigt. Eine Möwe landet nicht weit von mir entfernt auf dem Geländer und beäugt mich kritisch. Dann breitet sie die Flügel aus, und eine Windbö nimmt sie mit. Mein Blick verliert sich in der Weite des Meeres, und wieder einmal staune ich über die unbegreifliche Größe und Allmacht des Schöpfers.

Der rote Drachen ist nicht mehr zu sehen. Doch irgendetwas scheint quer über dem hohen Geländer des Weges zum Strand zu hängen, fast unsichtbar. Ich konzentriere meinen Blick auf die seltsame Erscheinung. Ab und zu schimmert es wie ... wie eine Drachenschnur im Sonnenlicht! Tatsächlich ist der rote Drachen unbemerkt jenseits des Weges vom Himmel gefallen. *Das könnte gefährlich werden*, denke ich. *Ich muss den nächsten Fußgänger, der zum Strand hinunter geht, darauf aufmerksam machen, damit er die Schnur entfernen kann.*

In diesem Moment fährt ein Mädchen mit einem Fahrrad rasant an mir vorbei hinunter zum Strand. Ich hätte sofort rufen müssen, sie warnen, doch meine Reaktion kommt um Sekunden zu spät. Ein schriller Schrei voller Panik, einige Meter später kommt das Fahrrad schlingernd zum Stehen. Das Mädchen kreischt, weint, greift sich an den Hals, versucht vergeblich, sich aus der unsichtbaren Umklammerung selbst zu befreien. Entsetzt und hilflos muss ich die Qual des Kindes mitansehen. Zum Glück kommt nun die Mutter mit dem Fahrrad hinterher und kann ihre Tochter aus dieser schrecklichen Situation rasch befreien. Zwar hat die Zwölfjährige einen Schock, doch ansonsten scheint sie nicht schwer verletzt zu sein; die Schürfwunden am Hals bluten nicht einmal. Gott sei Dank!

Das Bild dieses schrecklichen Unfalls lässt mich lange Zeit nicht los, und immer wieder drängen sich grausige Parallelen in meine Gedanken. Wie viele Menschen gehen unbekümmert auf dem Weg, der in die ewige Trennung von Gott führt, in die Hölle! Wer bemerkt schon die unsichtbaren Fallstricke des Teufels? Erst wenn es zu spät ist, wenn man gefangen und verletzt ist, dann dämmert manchmal die Erkenntnis: Das war der falsche Weg.

Und ich? Ich habe die Gefahr doch rechtzeitig bemerkt, und meine Reaktion war zu langsam, um den Unfall zu verhindern. Es war schon zu spät.

Es ist eine der hinterlistigsten Erfindungen Satans in den letzten Jahrzehnten, dass er sich in der westlichen Welt selbst »abgeschafft« hat! Wer von unseren Zeitgenossen glaubt denn heutzutage noch an die Realität des Teufels und der Hölle? Das Konzept *Gott* mag man noch stehen lassen, doch ein realer Gegenspieler, die Personifizierung des Bösen? In Film und Fernsehen, in Werbung und Literatur tritt Satan als lächerliche Figur auf, der in einer sinnlich-dekadenten »Hölle« residiert. Doch als Kind Gottes, als Bibelleser, weiß man es besser, und viele

Missionare berichten von Erlebnissen in anderen Kulturen, die die tatsächliche Existenz des Teufels und seiner »Mitarbeiter« eindeutig belegen.

Himmel und Hölle sind kein Spiel, keine Erfindung einer primitiven Angstkultur. Entweder Himmel oder Hölle erwartet jeden Menschen am Ende seines irdischen Lebens, dem Beginn seiner ewigen Existenz. Jesus sagt es unmissverständlich und deutlich: *»Jesus spricht zu ihm: Ich bin der Weg und die Wahrheit und das Leben. Niemand kommt zum Vater als nur durch mich«* (Johannes 14,6). Der Umkehrschluss liegt auf der Hand: Ohne Jesus Christus erreicht jeder Mensch letztendlich das andere Ziel. Nicht Gottes Himmel als vollkommene ewige Heimat, sondern die Hölle, Gefängnis und Ort der Qual für Satan und alle, die Gott in ihrem Leben nicht ernst genommen haben.

Wenn Sie die Wahrheit kennen, dann zögern Sie nicht, sondern warnen Sie Ihre Mitmenschen! So schnell ist es zu spät.

Ein unverdientes Geschenk

In sich zusammengesunken sitzt die junge Frau auf der Parkbank am Ufer und starrt in den Fluss. Immer wieder wischt sie Tränen aus dem Gesicht. Ein paar Meter weiter auf der nächsten Bank sitzt ein älteres Ehepaar und schaut besorgt zu ihr herüber. Leise reden sie miteinander, dann steht die alte Dame auf und geht zu der verzweifelten Unbekannten. »Kann ich Ihnen helfen?«, erkundigt sie sich mitfühlend. »Nein, mir kann keiner helfen«, schluchzt die hoffnungslose Frau. Dennoch setzt sich die alte Dame zu ihr, und der unglücklichen Fremden scheint die Anteilnahme gut zu tun. Nach einer Weile erzählt sie stockend von ihrem großen Kummer.

Sie ist völlig überschuldet, hat seit Jahren gedankenlos erheblich mehr Geld ausgegeben, als sie besaß. Immer war es irgendwie gut gegangen. Briefe mit Forderungen hatte sie oft gar nicht geöffnet, auf Mahnungen nicht mehr reagiert. Doch nun war sie in eine Sackgasse geraten. »Heute Morgen war der Gerichtsvollzieher da. Er hat viele Sachen einfach mitgenommen. Und dann hat das Elektrizitätswerk mir vorhin auch noch den Strom abgestellt. Wie soll ich denn jetzt für mein Kind Mittagessen kochen? Und wie soll ich heizen? Und duschen können wir auch nicht mehr.« Trostlos weinend sitzt die verzagte Unbekannte neben der älteren Frau, die ihr sanft einen Arm um die Schulter legt. »Ihr Problem scheint unüberwindlich zu sein, aber glauben Sie mir: Es gibt eine Lösung!«

Das ältere Ehepaar berät auf der Parkbank nebenan kurz miteinander, dann setzen sich beide zu der mutlosen jungen Frau. »Wir machen Ihnen einen Vorschlag«, sagt der Mann. »Wir schenken Ihnen das Geld.« Die junge Frau ist völlig verblüfft und misstrauisch und wehrt ab. Der Betrag sei viel zu hoch, sie könne das Geld ohnehin nicht zurückzahlen, und man kenne sich doch auch gar nicht. Und außerdem sei sie an der ganzen Misere selbst schuld. Doch das Ehepaar ist trotz dieser Einwände ganz sicher, dass es sämtliche Schulden übernehmen wird.

Eine unglaubwürdige Geschichte? Nein, sie ist tatsächlich geschehen. Durch dieses für sie zunächst unfassbare

Erlebnis hat die junge Frau eine erste Ahnung davon bekommen, was es für Auswirkungen haben kann, wenn Menschen kompromisslos ihren *»Nächsten lieben wie sich selbst«*. Und sie hat eindrucksvoll erfahren, was Gnade bedeutet. Gnade ist immer ein unverdientes Geschenk. Eine Weile später hat auch sie die Gnade Gottes als Geschenk annehmen können und ihr Leben Jesus Christus anvertraut.

Den Bezug zur Erlösung können die meisten Christen sofort herstellen, wenn es um den Begriff der Gnade geht. *»Durch Gottes Gnade seid ihr gerettet, und zwar aufgrund des Glaubens. Ihr verdankt eure Rettung also nicht euch selbst; nein, sie ist Gottes Geschenk«* (Epheser 2,8). Doch welchen Stellenwert hat die Gnade Gottes in meinem Alltag?

In den vergangenen Monaten hatte ich mit vielen »lästigen Kleinigkeiten« zu kämpfen: Immer wieder tritt ein technisches Problem an einem meiner vielen Hilfsmittel auf. Ich fühle mich hilflos und ausgeliefert, wenn etwas nicht funktioniert. Ein Sturz verursachte mehrere Monate lang ständige Schmerzen im Hüftgelenk; zweimal innerhalb kurzer Zeit hatte ich schmerzhafte Probleme mit den Zähnen, die durch die notwendige Beatmung auch nur unzureichend behandelt werden können; durch eine neue Atemmaske entwickelte sich innerhalb einer Nacht ein schmerzhaftes Druckgeschwür an der Nasenwurzel, das nur zögernd abheilt. Solche zermürbenden Anfechtungen führen leicht zum Selbstmitleid. Habe ich denn nicht schon genug zu ertragen ...? Doch ich erlebe wieder und wieder: Das unverdiente Geschenk der Gnade Gottes begleitet mich durch alle Schwierigkeiten hindurch – auch wenn ich selbst manchmal am liebsten »die Brocken hinschmeißen« würde! Dann lese ich, was der Missionar und Apostel Paulus an die junge Gemeinde in Korinth schrieb, und die unfassbare Gnade durchflutet aufs Neue mein Leben:

»Er sagte zu mir: ›Meine Gnade muss dir genügen, denn meine Kraft ist in den Schwachen mächtig.‹ Jetzt bin ich sogar stolz auf meine Schwachheit, weil so die Kraft von Christus auf mir ruht. Deshalb freue ich mich über meine körperlichen Schwächen, (...) Notlagen (...) und Ängste, die ich für Christus ertrage; denn wenn ich schwach bin, bin ich stark« (2. Korinther 12,7-10).

Unbegrenzte Haltbarkeit

Am 26. April 2001 endete mein gewohntes Leben. Nach einer Woche intensiver Untersuchungen lautete die Diagnose: ALS, unheilbare und rasch tödlich verlaufende Erkrankung. Plötzlich hatte ich noch eine Lebenserwartung von ungefähr zwei bis drei Jahren. Ich hatte ein Siechtum vor Augen: Der Körper verliert allmählich alle Muskelfunktionen, schließlich versagt die Atemmuskulatur. Ende.

In meinen Gedanken war ich bereits tot. Zwar spürte mein Körper zu diesem Zeitpunkt noch nicht viel von den schrecklichen Dingen, die auf mich zukamen, aber mein Bewusstsein war damit getränkt. Langsam und schrittweise, im Laufe der nächsten Jahre, nahm die Krankheit Formen an. Doch Gott steuerte die Symptome: Sprechen und Schlucken blieben auf wunderbare Weise unversehrt, der allgemeine körperliche Verfall stoppte unerklärlich nach vier Jahren, die Atmung kann mit ausgeklügelter Technik künstlich aufrechterhalten werden. Noch ist Gott nicht zu Ende mit mir. Man könnte meinen, Gott habe mir ein »neues Leben« geschenkt!

Dieses Leben allerdings ist so neu gar nicht, wie es auf den ersten Blick erscheint. Selbst wenn mein körperlicher Tod trotz Krankheit vielleicht doch noch nicht unmittelbar bevorsteht, ändert es doch nichts an meiner Sterblichkeit. Jedes irdische Leben hat nur eine »begrenzte Haltbarkeit«! Um aus dieser Gesetzmäßigkeit auszubrechen braucht man ein wirklich neues, ewiges Leben!

Zum Jahreswechsel 1989/90 endete mein altes Leben. Nach einigen Jahren der zögernden Suche nach Gott hörte ich in einer Gemeinde zum ersten Mal eine ernsthafte Auslegung des Wortes Gottes. Die Erlösungstat des Herrn Jesus Christus und die Notwendigkeit der Umkehr zu ihm blinkten auf einmal in aller Deutlichkeit auf. Gott ist mir lange Zeit auf unaufdringliche Weise nachgegangen. Ich habe nicht voller Verzweiflung nach ihm gesucht, aber er hat mich gefunden! Ich habe mich wenig nach ihm gesehnt, doch er hat mich in seiner Liebe immer wieder auf sich aufmerksam gemacht! Sein Geschenk für mich überwältigte mich. Ich bekam mit der Bekehrung das ewige Leben! Plötzlich hatte ich eine »unendliche« Lebenserwartung bei Gott, weit über mein Leben auf dieser Erde hinaus! Welch ein Privileg, bedenkt man die Alternative: eine ewig dauernde Existenz fern von Gott. Paulus fasst die Auswirkungen seines neuen Lebens in seinem Brief an die Galater in beeindruckende Worte: *»Nicht mehr ich bin es, der lebt, nein, Christus lebt in mir. Und solange ich noch dieses irdische Leben habe, lebe ich im Glauben an den Sohn Gottes, der mir seine Liebe erwiesen und sich selbst für mich hingegeben hat«* (Galater 2,20).

In meinen Gedanken hatte ich das ewige Leben bereits in mir. Zwar spürte ich zu diesem Zeitpunkt noch nicht viel von den wunderbaren Dingen, die auf mich zukommen würden, aber mein Herz war voll davon. Langsam und schrittweise und häufig unbemerkt nahm das neue Leben in meinem Alltag Formen an, unabhängig von meinem körperlichen Zustand. Mit dem Bewusstsein meines neuen Lebens konnte ich den Schock, den mir die »lebensverkürzende« Krankheit versetzte, verkraften.

»Wenn jemand zu Christus gehört, ist er eine neue Schöpfung. Das Alte ist vergangen; etwas ganz Neues hat begonnen!« (2. Korinther 5,17). Ich blicke in den winterlichen Garten und sehe nur Verfall – *»das Alte ist vergangen«*. Kahle Äste,

schwarze Zweige recken sich scheinbar tot in den blassen Himmel. Keine Blüte, kein Blatt erinnert an das pulsierende Leben und das verschwenderische Wachstum des letzten Sommers. Aber der Garten ist nicht tot, die scheinbar abgestorbenen Pflanzen tragen das neue Leben schon in sich! Gott hat seine *»neue Schöpfung«*, völlig neue (und nicht bloß erneuerte!) Blätter und Blüten und Früchte, schon im Verborgenen angelegt. Je mehr Sonnenschein und Wärme die Pflanzen umgibt, desto deutlicher drängt das neue Leben aus der Finsternis hinaus ins Licht. Wenn der Frühling endlich da ist, wird es unübersehbar, dass etwas ganz Neues begonnen hat!

Ist diese Abbildung im »Bilderbuch Gottes«, der Natur, nicht ermutigend? Er schenkt wirklich neues Leben. Lassen Sie sich beschenken!

Sprung über die Mauer

Statt eines Nachworts

»Mit meinem Gott kann ich über Mauern springen.«
Psalm 18,30

Eigenartiger Alltag

Ich habe die Texte dieses Buches geschrieben, ohne die Tastatur meines PC zu berühren – das geht mit Hilfe einer Sprachsteuerung, die diktierten Text in geschriebenen Text umwandelt.

Mein Schlafzimmer habe ich seit vier Jahren nicht mehr betreten – ich kann mich nur noch in einem Rollstuhl fortbewegen.

Schon seit langer Zeit habe ich nicht mehr unter der

Dusche gestanden – selbst zur Körperpflege bin ich auf einen Spezial-Rollstuhl angewiesen.

Sogar meine Socken und meine eigenen Taschentücher fasse ich nicht an – meine Hände können nichts mehr greifen.

Eigenartig?! Ja, inzwischen habe ich tatsächlich eine ganz »eigene Art« entwickeln müssen, meinen Alltag zu bewältigen. Ich bin abhängig von anderen Menschen wie ein neugeborenes Baby bei allen körperlichen Bedürfnissen – Hilflosigkeit ist mein ständiger Begleiter geworden.

Von Gott verlassen?

In meiner Situation gibt es Gründe genug, an Gott zu verzweifeln, seine Liebe und seine Allmacht in Frage zu stellen, seine Existenz zu verneinen. *»Fluche Gott und stirb!«*, lautete der zynische Rat von Hiobs Frau. So deutlich sagt man es mir meist nicht ins Gesicht, aber viele meiner Mitmenschen denken ganz ähnlich: Was ist das für ein Gott, der eine gläubige Frau auf so krasse Weise aus der Bahn wirft? Der einer Familie quasi die Mutter raubt? Kann er nicht heilen? Oder will er nicht? Oder gibt es ihn vielleicht gar nicht?

Kein Strohhalm – sondern ein festes Fundament!

Die meisten Menschen greifen in einer solchen Situation nach jedem Strohhalm, der Hoffnung und Hilfe verspricht. Ist mein Glaube auch bloß ein solcher Strohhalm, wie manche meiner Mitmenschen annehmen? Gott hat mir in den letzten Jahren handfeste Antworten gegeben!

1. *Krankheit ist nicht unbedingt etwas Böses, sondern etwas Schweres.*
Natürlich ist es nicht schön, krank und in jeder Kleinigkeit abhängig von anderen Menschen zu sein. Das ist schwer zu ertragen. Was mutet Gott mir da zu? Das gilt selbstverständlich nicht nur für das Phänomen Krankheit.

Warum neigt man eigentlich dazu, alle Belastungen so darzustellen, als seien sie grundsätzlich gegen »das Leben« gerichtet? Auch in der Bibel gibt es genügend Beispiele für Menschen, deren Leiden und Qualen von Gott kommen. Wirft das gleich unser Gottesbild um? Hiobs schwere Lasten wurden von Satan verursacht – aber mit Gottes Wissen und Billigung und Ermächtigung; ohne Gottes Zustimmung kann Satan überhaupt nichts tun. Von wem stammt Paulus' *»Stachel im Fleisch«*? Ein Engel Satans darf (und soll!) den erfolgreichen Missionar quälen.

Aber Gott tut nichts Sinnloses, er hat eine Absicht und ein Ziel bei allem, was er tut. Gott ist Liebe; er tut nichts, was mir letztlich schaden könnte. Ich brauche einen globalen Blick, keinen Tunnelblick! Ich bilde mir zwar nicht ein, Gottes Beweggründe zu kennen oder zu verstehen, aber an manchen Stellen kann ich sie erahnen. Und dann lautet die Frage eher: Was *traut* Gott mir da zu?

Wenn Krankheit tatsächlich nicht etwas Böses, sondern etwas Schweres ist, dann muss ich nicht dagegen ankämpfen. Ich kann sie als Herausforderung annehmen und versuchen, diese Aufgabe, die Gott mir stellt, so gut wie möglich zu lösen!

2. *Das Leben verläuft immer tödlich.*

Die meisten Menschen sind schockiert, wenn sie von einer unheilbaren und tödlichen Erkrankung hören. Das geht mir nicht anders. Aber sind nicht eigentlich alle Menschen in genau derselben Situation? Vor anderthalb Jahren überquerte meine Schwägerin zu Fuß an einer kleinen Ampelkreuzung die Straße. Der Busfahrer hat sie einfach übersehen – sie war sofort tot. Wäre nicht eher ich dran gewesen? Mein Tod hätte zumindest nicht so überrascht. Sehr drastisch hat Gott uns vor Augen geführt, dass das Leben grundsätzlich lebensgefährlich ist – ob alt oder jung, gesund oder krank. So können Krankheit und Leid auch zu einem Privileg werden:

Wenn das Leben auf dieser Erde nur eine begrenzte Haltbarkeit hat, dann habe ich die Chance, mich hier und jetzt optimal auf die Ewigkeit vorzubereiten!

3. *Ich erlebe Wunder ...*

Ich kann noch sprechen und schlucken – sehr ungewöhnlich bei meiner Diagnose.

Seit drei Jahren ist der Krankheitsverlauf quasi zum Stillstand gekommen – medizinisch nicht erklärbar. Für mich ist es das Eingreifen Gottes in mein Leben.

»Wie kann es dir nur so gut gehen, wenn es dir so schlecht geht?!« Ich weiß es nicht, es ist ein Wunder Gottes.

Wenn Gott so sichtbar und spürbar in mein Leben eingreifen kann, dann kann ich noch viel Wunderbares von ihm erwarten, sowohl auf dieser Erde als auch in der Ewigkeit!

4. *Meine Krankheit zieht Kreise.*

Ich sehe viele Auswirkungen meiner besonderen Situation: für mich persönlich, für andere Gläubige, für Ungläubige. In meinem Leben entfaltet sich der bekannte

Vers aus Römer 8,28: »*Wir wissen aber, dass denen, die Gott lieben, alle Dinge zum Guten mitwirken, denen, die nach seinem Vorsatz berufen sind.*«

Gott hat mich selbst durch die Krankheit näher zu sich hingezogen. Er hat durch meine Krankheit gläubige Christen aus meinem Umfeld näher zu sich hingezogen.

Und er hat durch meine Krankheit mehrere bis dahin ungläubige Menschen durch seine Liebe und Gnade zu sich hingezogen und ihnen das ewige Leben geschenkt. Eine Fülle von Segen. Das wiegt meine Krankheit tausendfach auf!

Wenn Gott durch meine Krankheit so viel Segen strömen lässt, dann meint er es einfach gut mit mir. Ich freue mich darüber, dass er mir zutraut, mit seiner Hilfe eine ungewöhnliche Situation mit Leben zu füllen.

Darum sage ich heute aus vollster Überzeugung: »*Der Herr hat gegeben, und der Herr hat genommen, der Name des Herrn sei gepriesen!*« (Hiob 1,21b).

Buchempfehlung

Irmgard Grunwald
Dem Himmel entgegen
Helle Gedanken auf
einem dunklen Weg

Pb., 144 Seiten
Best.-Nr. 273.642
€ 8,90
ISBN 978-3-89436-642-1

In Briefform beschreibt die Autorin den schleichenden und unaufhaltsamen Fortgang ihrer Krankheit von den letzten gesunden Tagen im Jahr 1999 bis zum Jahr 2007.

Irmgard Grunwald zeigt, wie sie als Gläubige mit ihrer Krankheit, ihren Anfechtungen und Fragen umgeht. Dieses Buch ist aber vor allem ein Zeugnis davon, wie Gott die Kraft gibt, das scheinbar Unerträgliche zu tragen.

Christliche Verlagsgesellschaft mbH
Kompetent. Profiliert. Engagiert.